Die Weltstellung
des byzantinischen Reiches
vor den Kreuzzügen.

Die Weltstellung
des
byzantinischen Reiches
vor den
Kreuzzügen.

Von

Dr. Carl Neumann,
Privatdozenten für Geschichte und Kunstgeschichte an der Universität Heidelberg.

Leipzig,
Verlag von Duncker & Humblot.
1894.

Vorwort.

Zu der Zeit, da die byzantinischen Studien in Deutschland noch eine wenig beneidete Domäne der klassischen Philologie bildeten, war es natürlich, dafs das allgemeine Urteil über byzantinische Dinge die entschiedene ästhetische Abneigung widerspiegelte, welche die byzantinische Litteratur den klassischen Philologen einflöfste. Denn bei jedem Ausflug auf byzantinisches Gebiet, das sie zumeist nur auf dem Feld der Litteratur betraten, erneuerte sich jenen Gelehrten die bedrückende Empfindung, als würden sie von den freien Höhen des Parnasses und dem erfrischenden Trunk aus dem kastalischen Quell verbannt in eine litterarische Sphäre, deren Scheinleben nur mehr in Studierstuben und Mönchszellen vegetiere. Von daher verdichtete sich dann in gelehrten Kreisen und darüber hinaus der Widerwille gegen die byzantinische Litteratur zu der Verallgemeinerung, byzantinisches Wesen sei überhaupt nur hinsiechender Verfall und in seiner Gesamtheit ein Magazin von Antiquitäten und Merkwürdigkeiten, das man wohl oder übel einmal durchstöbern möge. Aber niemand könne sich in dieser Staub- und Moderluft, unerfrischt von dem lebendigen Zug der Weltgeschichte, einen lohnenden Gegenstand historischer Studien und Betrachtungen suchen.

Nun haben jene Philologen wohl Recht mit ihrem ästhetischen Urteil (wenn es auch an einigen Stellen Ausnahmen erleiden wird). Etwas anderes aber ist es um das Bemühen, dieser Litteratur historisch gerecht zu werden, und etwas ganz anderes umdie Verallgemeinerung jenes Urteils. Wenn die byzantinische Litteratur langweilig ist, weil meist nur mittelmäſsige Köpfe sie gepflegt haben, so ist es mit nichten die byzantinische Geschichte. Sie ist reich an groſsen historischen Problemen und vor allem: begabte und lebendige Menschen haben diese Geschichte gemacht. Was würde man sagen, wenn jemand das abendländische Mittelalter nach der endlosen Langweile eines chanson de geste beurteilen wollte, oder nach einer mittelalterlichen Thebaïde und Aeneïs oder nach ein paar theologischen Traktaten! Das Mittelalter brachte in Byzanz wie im Westen wohl Litteratur hervor; aber Litteratur war nicht das charakteristische und monumentale Erzeugnis dieser Geschichtsperiode; das Mittelalter war ein Zeitalter der Thaten, aber kein „tintenklecksendes Saeculum".

Freilich, auch wer politische Geschichte oder Kulturgeschichte schreiben will, wird sich immer zunächst auf die litterarische Überlieferung angewiesen finden. Zum Glück aber ist die Einsicht in das Quellenmaterial leichter geworden als früher; denn die byzantinischen Studien haben sich inzwischen aus dem Troſs der Altertumswissenschaften abgelöst und zu einer selbständigen Disziplin zusammengeschlossen; sie werden von Gelehrten gepflegt, die sich die Arbeitslust nicht mehr anhaltend durch den historisch ungerechten Vergleich des mittelalterlichen Kunstvermögens mit dem klassischen vergällen. Zumal Karl Krumbachers Geschichte der byzantinischen Litteratur hat diese Forschungen auſserordentlich gefördert. Wie viel bequemer und einladender sind seit dieser gründlichen wissenschaftlichen Leistung die byzantinischen Studien geworden! Nun bleibt eine Hauptsorge, daſs diese Disziplin, in ihrer Selbständigkeit gegenüber den Altertumswissenschaften einmal anerkannt und in ihren Interessen durch ein eigenes Organ, die byzantinische Zeitschrift, vortrefflich vertreten, immer mehr mit den mittelalterlichen Studien überhaupt verknüpft und an Isolierung gehindert werde. Denn was wäre gewonnen, wenn neben so viele vorhandene Spezialitäten die byzantinische als die so und sovielte neue hinzuträte?

Vorwort. VII

Die byzantinische Welt ist der Einsicht und Beachtung der Geschichtsfreunde unkenntlich gemacht durch einen Vorbau, den man entfernen muſs.

Die paar Virtuosen, die mit ihrer ewigen Klassizität und Hellenentümelei die Volkssprache terrorisieren, um in Konventikeln historischer Romantik ein paar eiteln Kennern zu schmeicheln, sind nicht das ganze Byzanz. Die geistlichen Scholastiker, die, in diesem Punkt wahre Nachfolger antiker Philosophen, aus dem Leben geflohen sind, den Staat verachten und Traktate schreiben, denen man oft kaum anmerken kann, ob sie aus dem sechsten oder zwölften Jahrhundert stammen — so weltfern ist Gegenstand und Behandlung: sie sind nicht das ganze Byzanz. Das Schulmeister- und Mönchsbyzanz ist eine Scheinfassade. Diese Scheinfassade muſs weggebrochen werden, damit man zu den groſsen und denkwürdigen Problemen byzantinischer Geschichte gelangen kann.

Welches sind aber diese Probleme?

Die eigentümliche Verfassung und Kultur, die vom vierten bis zum sechsten Jahrhundert in Byzanz geschaffen wurde, unterschied sich von der abendländischen darin, daſs die Elemente und Mächte, die das Mittelalter konstituieren, römische Überlieferung, Christentum, Barbarentum, an dieser Stelle in einen Gleichgewichtszustand gezwungen wurden, der dann die Probe der Jahrhunderte bestanden hat. Im Westen hatte das Zusammentreffen dieser Elemente eine andere Wirkung. Die überkommene Idee eines weltlichen Staates des Rechts, der Kultur, Sicherheit und Macht, die Triebe eines jugendkräftigen, aber zügellosen Barbarentums, die Anforderungen sittlicher Freiheit und Disziplin, die der Kern der neuen Religion waren, berührten und mischten sich dort immer derart, daſs entweder eine gegenseitige Zersetzung und Zerstörung eintrat oder aber, daſs ein einzelnes der neuen Elemente eine Übermacht gewann, vor der die anderen fast geltungslos zurücktraten.

Im Osten gelang es dagegen einer Fülle von Talent und politischer Begabung, das Bestehende zu erhalten, mit den in ihrem Wesen und in ihren Zielen grundverschiedenen neuen

Kräften zu **summieren** und zu einer Machtvereinigung auszugestalten, die bis zu den Zeiten der Türkenkriege des fünfzehnten Jahrhunderts das Abendland vor mehr als einem gefährlichen Ansturm bewahrt hat.

Im Westen wie im Osten besetzten Barbaren weite Strecken des Reichs. Aber während die Mauern Roms bald zu weit wurden für die schwindende und hungerleidende Bevölkerung, blieb Konstantinopel, in dem das Herz der zentralisierten Staatsverwaltung schlug, aufrecht und vermochte immer wieder den Gliedern den gewohnten Säfteumlauf zu vermitteln. Überhaupt aber blieb im Osten der Einfluſs des **städtischen** Kulturelements **vorherrschend**.

Christentum und Kirche wurden in den Dienst derselben konservativen Politik gezogen. Während in Italien in den letzten Zeiten der Gotenherrschaft das vornehme Laienelement, die Senatsaristokratie, welche der Träger der altüberlieferten Bildung gewesen war, vernichtet wurde und ausstarb, blieb im östlichen Reich jene höhere Gesellschaft erhalten, welche die Summe der Bildung, der alten heidnischen wie der christlichtheologischen, darstellte. Da sie zugleich die obersten Stellen im Staat wie in der Kirche besetzte, so kam über dieser **gemeinsamen** Aufgabe, die Kultur- und Bildungsinteressen zu schützen, jener Gegensatz von Klerus und Laientum überhaupt nie zu so scharfer Ausbildung (geschweige denn, daſs ein Vorrang der Geistlichkeit sich entschieden durchgebildet hätte), daſs daran wie im Abendland eine Veränderung und ein Fortschritt der allgemeinen Geschichte hätte anknüpfen können.

Der berühmte Satz, daſs die Staaten durch dieselben Mittel erhalten werden, mit denen sie gegründet worden sind, wird, auf die byzantinische Geschichte angewendet, in jeder ihrer Perioden jene eigentümlich vielgliederige Basis wiedererkennen lassen. Es erhob sich auf ihr eine so mannigfaltige und reiche Kultur, daſs **vor** den Zeiten der italienischen Renaissance keine abendländische Kultur des Mittelalters sich mit ihr vergleichen kann. Wer die folgende Schrift liest und insbesondere die Blätter, die dem Humanisten Psellos gewidmet sind (S. 81 ff.), wird vielleicht den Eindruck haben, daſs von den Vorbedingungen, die in Italien die Kultur der Renaissance herbeigeführt haben, viele (nicht alle) in Byzanz immer schon vorhanden waren.

Der Verfasser hat ein Stück byzantinischer Geschichte geschrieben in der Hoffnung, man werde seine Arbeit nicht wie ein Stück chinesischer oder aztekischer Geschichte beiseite legen und den „Spezialisten" anheimgeben, sondern darin ein Stück der allgemeinen Geschichte anerkennen, in deren Flutgebiet auch das byzantinische Reich liegt. Ein Stück laguna viva, wie man in Venedig sagen würde, und keine laguna morta.

Gewiſs giebt es viele Arten, Geschichte zu schreiben. Aber das vorhandene Schema römischer und byzantinischer Kaisergeschichten zu benützen, trug der Verfasser Bedenken. Wichtiger als ein paar Detailzüge innerhalb der herkömmlichen Darstellung zu berichtigen, schien ihm, eine Gruppierung nach sachlichen Gesichtspunkten innerhalb gewisser abgrenzbarer Perioden vorzunehmen. Wenn es gelang, an Stelle des langen Streifens chronologischer Erzählung, die groſsen Interessensphären der Politik, Verwaltung, Wirtschaft, jede für sich bildmäſsig in einen Rahmen zusammenzuschlieſsen, so erwuchsen aus dieser freieren Anordnung zahlreiche Vorteile gegenüber einer Darstellung, die die an sich dürftigen Nachrichten über jene Gebiete auseinanderzureiſsen pflegt. In einem gröſseren Zeitraum betrachtet und von einem höheren Standpunkt als dem einer einzelnen Regierung, gewann die Darstellung der Zustände und Bewegungen des öffentlichen Lebens erst die erwünschte Anschaulichkeit. Zumal für das elfte Jahrhundert hat sich dabei eine Auffassung ergeben, der die herkömmliche, mit dem Tod Kaiser Basils II. angesetzte ununterbrochene Verfallslinie stark verzeichnet erscheint. In Wahrheit verläuft diese Linie in anderen Brechungen. Aber fast durchaus erwies sich die veränderte Gruppierung des Stoffs (unterstützt durch die Benützung einer in Deutschland noch unbenützten Quelle, des Strategikon des Kekaumenos) fruchtbar für die Korrektur von Ansichten und Darstellungen, die seit langem von einem Buch ins andere übergehen.

In dem Bemühen, dem Stoff allgemeineres Interesse zu erobern, war neben der Sorge für die Anordnung im Ganzen die formale Ausgestaltung des Einzelnen nicht ohne Bedeutung. Sollte der Verfasser das allzuviele Detail meiden, mehr im Allgemeinen sich ergehen? Er würde, mit Toqueville zu reden, den Tummelplatz der Ignoranten betreten haben. Bei einem neueren Philosophen findet man das treffende Wort: nicht das Weglassen des Unwesentlichen, nicht das Abziehen des Nebensächlichen bringe hervor, was man Stil nenne. „Das Heraustreiben der Hauptzüge ist das Entscheidende."

Heidelberg.

Carl Neumann (Mannheim).

Inhaltsverzeichnis.

Seite

I. Das Reich im zehnten Jahrhundert........ 1
Der Kaiser. — Italienische Politik. — Die Völker der Nordgrenze. — Islam. — Politik und Wissenschaft. — Horizont von Konstantinopel. — Die Mittelmeerwelt: Ägypten. Italien. Spanien. —

II. Eroberungspolitik und Verjüngung des Reichs . . 21
Die Legitimisten der Hauptstadt. — Politik der kleinasiatischen Provinzen. — Bulgarenkriege und -siege. — Profancharakter der neuen Politik. — Über Krieg und Christentum in Byzanz. —

III. Das Reich im elften Jahrhundert........ 39
Rassenmischung im Reich. — Georg Maniakes. — Die Armee und das militärische Selbstgefühl. — Legitimität und Prätendententum. — Militärverfassung und Agrarverhältnisse. Der Kampf der Krone mit dem Grofsgrundbesitz. — Asiatische Parteiung. — Aufhören der kriegerischen Politik unter Konstantin IX. Monomachos. — Zivil- und Steuermafsnahmen und ihre politische Tragweite. — Militärische Reaktion. — Überlegenheit der Hauptstadt. — Die Senatspartei und ihr Sieg. Zerstörung der Armee. — Der Humanist Psellos.

IV. Türken und Normannen............. 95
Allgemeiner Charakter der Verluste im Osten und Westen. — Frühere Beziehungen des Reichs zu russischen und skandinavischen Normannen. — Normannische Eroberung Süditaliens. — Die Türken in Mittelasien. — Ihre Angriffe auf das Reich. — Zustand der Provinzen. — Versuch und Schicksal Kaiser Romanos' IV. — Söldnerpolitik in Kleinasien. — Zerfall. — Charakter des Besitzübergangs an die Türken. — Stimmungen und Aussichten. —

Anmerkung. Zitate byzantinischer Schriftsteller sind, wenn nichts anderes bemerkt ist, nach der Bonner Ausgabe gegeben.

I.
Das Reich im zehnten Jahrhundert.

Der Kaiser. — Italienische Politik. — Die Völker der Nordgrenze. — Islam. — Politik und Wissenschaft. — Horizont von Konstantinopel. — Die Mittelmeerwelt: Ägypten. Italien. Spanien.

Für die historische Vorstellung der Byzantiner des zehnten Jahrhunderts war Kaiser Heraklios († 641) der letzte grofse Vertreter der römischen Cäsarenreihe. Er hatte noch einmal die Majestät des Reiches gegen die Perser hergestellt. Was darnach kam, die ungeheure Flut des Islam, die das Perserreich verschlang und sich bis Byzanz erhob, trennte, als hätte sich in dieser grofsen Erschütterung ein Erdrifs aufgethan, die Zeit des Heraklios von den nachfolgenden Jahrhunderten. Daher kam es, dafs, wenn man jetzt schrieb: „zu den Zeiten des Heraklios", diese Bezeichnung mehr dem allgemeinen Sinn einer entlegenen Vergangenheit entsprach, als einem bestimmten Datum; fast wie wenn wir sagen: vor Olims Zeiten.

Ein Kaiser, der gegen die Mitte des zehnten Jahrhunderts die unfreiwillige Mufse fand, Studien und Betrachtungen über Reichspolitik und Hofwesen schriftlich mitzuteilen, will besonders in zwei Thatsachen den Unterschied der Zeiten bemerken. Einmal, dafs das Latein, „die römische Sprache, die Sprache der Väter", verschwunden sei und an seiner Stelle nun „das Hellenische" herrsche; zum zweiten aber in der Lahmlegung der Kaisergewalt. Denn waren früher die Herrscher in Person zu Feld gezogen, damals, als der ganze Erdkreis „das Joch der Römerherrschaft" trug, so sei der Raum seitdem in den Grenzen enger geworden, das Reich zerlegt in Statthalterschaften, und die Kaiser besäßen nicht mehr die Ausübung ihrer Macht[1].

In der That gewann es im zehnten Jahrhundert den Anschein, als sollte, ähnlich wie in Bagdad sich ein militärisches Sultanat übermächtig neben dem Kalifat erhob, der Kaiser von Konstantinopel in den Schatten gedrängt werden von einem militärischen Reichsverweser und sich in ein Allerheiligstes verwandeln, das als eine Monstranz nur an Festtagen gezeigt wird. Das Ritual des Hofes breitete seine Maschen immer fester um die kaiserliche Person. Man muß die Beschreibung des Aufwandes lesen, den es erforderte, wenn im neunten Jahrhundert ein Monarch in den Krieg zog[2], um zu begreifen, daß man diese teuere Reise nachher lieber ganz unterließ. Der Kaiser ging aus seinem Palast nicht anders als in Prozession. Der Ortswechsel zwischen den großen städtischen Palästen und den Landhäusern in der Nähe und auch die Zeit des Aufenthaltes war genau von der Etikette vorgeschrieben. Zu Christi Himmelfahrt zog der Hof regelmäßig in das Quellenschloß außerhalb der Landmauer in Villeggiatur; im September gab es ein Weinlesefest in einem Lusthause auf der asiatischen Seite des Bosporus; der Patriarch kam herüber und segnete das Gewächs, und der Kaiser verteilte Trauben an die hohen Würdenträger. Es waren Ausnahmen, wenn der Kaiser bis Nikomedien reiste oder in die Bäder von Brussa und den Olymp besuchte, der hinter Brussa aufragt, den heiligen Berg, bedeckt von Mönchswohnungen.

In der Gemessenheit all dieses Rituals suchte man etwas Heiliges, das auf den Beschauer und zumal auf den Fremden wie ein Mysterium wirkte. Die Pracht der Kostüme, der Luxus in Schmuck und Gerät, die nie fehlende musikalische Begleitung gaben dem öffentlichen Auftreten des Hofes etwas überaus

---

[1] Konstantin Porphyrogennetos, de thematibus, im Eingang.
[2] de caerimoniis 456 ff.

I. Das Reich im zehnten Jahrhundert.

Pomphaftes; selbst der Hokuspokus wurde nicht verschmäht, und fremde Gesandte fanden den Kaiser auf seinem Throne umgeben von einer Mechanik künstlich brüllender Löwen, musizierender Vögel und sonstiger Mirakel, die heute nur noch von Kindern in Mefsbuden angestaunt werden [1].

Eine legitimistische Fiktion verband sich damit. Was die Fremden an Wunderdingen zu sehen bekamen, sollte nicht von Menschenhänden gemacht sein; womöglich alles stammte von dem grofsen, heiligen Konstantin, und diesem mufste es ein Engel vom Himmel überbracht oder geoffenbart haben. Kaiser konnte nur werden, wer in den angeblich von Konstantin erbauten Purpurgemächern des Porphyrschlosses geboren war, und man war kühn genug, von der eben herrschenden, makedonischen Dynastie (die doch erst nach der Mitte des neunten Jahrhunderts durch eine Revolution zum Throne gelangt war, deren Umstände unvergessen waren) Fremden und vielleicht ihr selbst vorzufabulieren, sie sei die rechte Nachkommenschaft aus dem Blute Konstantins [2]. In Wahrheit verhielten sich die purpurgeborenen Kaiser des zehnten Jahrhunderts nicht anders zu dem grofsen Konstantin als wie ihr Reich zum Römerstaat des vierten Jahrhunderts. Nicht so sehr, dafs die Grenzen enger, der Horizont beschränkter geworden, machte den grofsen Unterschied: der Horizont war ein anderer geworden. Das byzantinische Reich gehörte jetzt zum Orient.

Seit Herodot die Geschichte der Perserkriege geschrieben und vielleicht als der Erste den Gegensatz von Morgenland und Abendland formuliert hatte, war in so vielen Jahrhunderten die Grenze dieser beiden Kulturbereiche mehr als einmal verschoben worden. Dafs am Ausgange des Altertums die Grenze des Orients um ein so bedeutendes Stück vorrückte, hing damit

---

[1] caerim. 569. Zonaras (Dindorf) vol. IV 8 „εἰς κόσμον τῆς βασιλείας, ἔκπληξιν δὲ ἐμποιοῦντα τοῖς ἐξ ἐθνῶν"; über die Wirkung Liudprand, antap. VI 5. Reiske hat im Kommentar zu den caerim. (Bonn. II 642 f.) angemerkt, dafs am Kalifenhof in Bagdad beim Empfang von Gesandten dasselbe Schauspiel vor sich ging. Doch hatte man dort auch lebendige Löwen. Weil, Gesch. der Kalifen II 635, Anm. 2.

[2] Liudprand, antap. I 7 = III 31: nonnulli dicunt.

I. Das Reich im zehnten Jahrhundert.

zusammen, daſs die germanische Wanderung die lateinische Hälfte des Römerstaates zerstörte. Seitdem hat sich die griechische Hälfte, von dem Drucke der lateinischen Oberherrschaft befreit, orientalisiert in den Grenzen, wie sie in der Hauptsache bis heute geblieben sind.

Mit dem, was im Abendland sich vollzog, hing das Reich eigentlich nur durch die süditalischen Besitzungen und sonstigen Dependenzen auf italienischem Boden zusammen. Zwischen dem Rest des alten Römerreichs und den neuen Trieben des Westens, auf denen alle Zukunft der Weltgeschichte ruhte, herrschte völlige Unbekanntschaft, da es kein gemeinsames Interesse gab. Die italienischen Besitzungen waren nur eben noch Vorposten, und jenseits des jonischen Meeres, wie sie lagen, den Brückenköpfen zu vergleichen, die einst die Römer am linken Donauufer Rhätiens angelegt hatten. Die Verbindung zu Land war unterbrochen. Die slavische Einwanderung saſs quer über die Balkanhalbinsel hinüber vom schwarzen Meer bis an die Adria und hinaus bis an die Grenzen des heutigen Tirol, staatlich formiert in dem slavisierten Bulgarenreich und den kroatisch-serbischen Gebilden. Auf pannonisch-dakischem Boden aber saſsen die Magyaren, die man aus alter Gewohnheit der Zeiten, da sie noch weiter rückwärts wohnten und den Türkenvölkern am kaspischen Meere zinsten, selbst Türken nannte[1]. Der Riegel all dieser wilden Völker trennte Deutschland und Byzanz. Das ganze Lebensinteresse des östlichen Kaiserreichs bewegte sich in anderen Bahnen.

Von Karl dem Groſsen erinnerte man sich wohl noch, daſs er ein groſser Fürst gewesen, der ob seiner Kriegsthaten gefeiert werde, der als guter Christ über Palästina seine milde Hand gehalten; von Kaiser Ludwig dem Zweiten wird noch gesagt, daſs man mit ihm vereint gegen den Islam gestritten; aber das Gedächtnis der heftigen Rivalität der kaiserlichen Ansprüche auf Italien scheint erloschen mit der karolingischen Kaisergewalt selbst.

---

[1] Diese sehr annehmbare Erklärung bei K. F. Neumann, Völker des südlichen Ruſslands, S. 118. Die griechischen Autoren des X. saec. nennen die Ungarn immer Türken, Konstantin, Leon in der Taktik, der Patriarch Nikolaus, epist. 23: „ἐκ τῆς δύσεως Τοῦρκοι".

I. Das Reich im zehnten Jahrhundert.

Seitdem war Italien in einen Zustand zurückgefallen, der dem der langobardischen Zeiten glich. Das Königreich Italien mit der Hauptstadt Pavia galt den Byzantinern als selbständig. Dafs man einst ganz Italien von Konstantinopel aus beherrscht hatte, Pavia eingeschlossen, war nur noch eine Erinnerung. Das übrige festländische Italien aber, der Süden, war immer noch, wie seit vierhundert Jahren, seit Justinian, griechisch und kaiserlich, teils in unmittelbarer Reichsverwaltung, nämlich die zwei so bezeichneten Provinzen Kalabrien und Longibardien, teils in selbständiger Verwaltung, aber Konstantinopel tributpflichtig. Die Rücksicht auf die nur lose angegliederten und unsicheren Elemente dieser zweiten Ordnung, Landesherrschaften wie das langobardische Herzogtum Benevent, das neben dem stammesgleichen Königtum früh seine eigenen Wege gegangen war, oder autonom gewordene Stadtherrschaften wie Neapel, machte es der byzantinischen Politik zu einer natürlichen Aufgabe, mit dem König von Italien in gutem Einvernehmen zu stehen, damit er keine Anziehung übe auf jene vorgeschobenen Reichsteile. Die Krone Italiens trug in dieser Zeit eine burgundische Dynastie, deren vornehmster Rechtstitel das karolingische Blut war, das in ihren Adern rollte. Auf dem Grabstein der Herzogin Bertha von Tuscien in Sankt Martin in Lucca steht stolz verzeichnet, dafs Karl ihr Ahn sei. Sie war die Mutter König Hugos von Italien. Mit dieser Dynastie nun nicht nur in politischer Bundesgenossenschaft, sondern sogar verschwägert — eine eheliche Verbindung kam um die Mitte des zehnten Jahrhunderts zu Stande — dachte die griechische Regierung erwarten zu dürfen, dafs von dieser Seite den Unabhängigkeitsgelüsten süditalischer Fürsten keine Förderung zu Teil werde. Diese Herren von Kapua, Salerno und Benevent galten, sobald sie die Waffen gegen das Reich erhoben, in Konstantinopel nicht als Feinde, sondern als gewöhnliche Rebellen, nicht anders als wenn die Kalabresen sich empörten[1].

---

[1] ἀποστάται in den Akten der italienischen Expedition de caerim. 662; μετὰ δεδαμασμένους τοὺς ἀποστατικοὺς in der Inschrift des neuen

Über die Erhaltung dieses Zustandes aber dachte man nach dieser Seite nicht hinauszugehen. Der Verlust von Sizilien schien mit der greuelvollen Eroberung von Taormina, die 902 erfolgte, eine Thatsache, die nicht rückgängig zu machen war. Man zog vor, sich mit einem Geldtribut an die Muhammedaner der Insel die Ruhe zu erkaufen und hob indessen die Raubnester auf dem Festlande, diese gefährlichen Landplagen, aus. Wer wäre durch das Aniothal von Tivoli nach Subiako gewandert und hätte nicht auf steiler Höhe die Felsenorte Saracinesco und Siciliano erblickt[1]! So weit hinein, ja ins Tiberthal ober Rom hatten sich die maurischen Kolonieen eingenistet. Vom Garigliano wurden sie mit griechischen Schiffen vertrieben, um dem Papst und dem Fürsten von Kapua und Benevent Ruhe zu schaffen. Griechischen Beistand hat sich darnach König Hugo gegen die provenzalischen Sarazenen von Gardefraînet erbeten. Was man von Seepolizei für jene Zeiten erwarten kann, wurde im Mittelmeer von der griechischen Flotte geleistet. Die deutsche Kontinentalmacht hatte sich doch unfähig erwiesen, Italien dauernd zu schützen. Als sie unter Otto I. wieder einmal auf dem süditalischen Schauplatze erschien und in den byzantinischen Gesichtskreis eintrat, konnten feindliche Beziehungen zu ihr, und zumal dafs die Oberherrschaft über jene langobardischen Vasallen mit Erfolg bestritten wurde, sehr unbequem werden. Auch war das Kaisertum, welches die neue deutsche Dynastie des italischen Königreichs für sich in Anspruch nahm, kein geringer Ärger für den griechischen Hochmut. Aber diese Unternehmungen deutscher Könige und Kaiser gingen in Süditalien vorüber, und das byzantinische Reich blieb; es blieb seine Gleichgültigkeit und Interesselosigkeit für deutsche Dinge. Für deutsche Fürsten bestand wohl, dafs man so sage, ein Fach in der kaiserlichen Kanzlei in Konstantinopel. Sehr bezeichnend aber wird an einer Stelle, wo die Kanzleigebräuche in Schreiben an fremde

---

Kastells von Tarent, Corpus inscript. Graec. IV, Nr. 8709, in deren Datierung die Herausgeber um die Kleinigkeit von 150 Jahren zu tief gegriffen haben. Liudprand, legatio 36: desertores servi.

[1] Amari, storia dei musulmani di Sicilia. II 347.

I. Das Reich im zehnten Jahrhundert. 7

Fürsten erklärt und dabei Baiern und Sachsen genannt werden, die Erklärung angefügt: Diesen Fürsten von Baiern und Sachsen gehöre das Land der sogenannten Njemetz. Als geläufige Bezeichnung der Deutschen kannte man nur den Namen, den Slaven und Magyaren ihnen geben[1]. Als Otto I., schon im Besitz der Kaiserwürde, einen Gesandten nach Konstantinopel schickte, war dieser tief gekränkt, an der Hoftafel den bulgarischen Abgeordneten den Vorrang einräumen zu müssen, er, der Vertreter des mächtigen deutschen Königs, der die Päpste einsetzte nach seinem Gutdünken, hinter einem Häuptling von wilden Bulgaren! Die Thatsache verstand er nicht, daſs den Byzantinern die Bulgaren in der Nähe weit wichtiger und berücksichtigungswerter erschienen als die deutsch-römische Majestät in der Ferne[2].

In der That war das Interesse des Reiches völlig absorbiert von der Sorge um die Nordgrenze. Die bulgarische Macht ruhte, wenn auch seit dem neunten Jahrhundert christianisiert, mit einem furchtbaren, immer noch wenig gemilderten Druck auf den Balkanprovinzen des Reiches. Selbst in der Hauptstadt war das freie Athmen durch die Nähe dieser Gefahr gehemmt; man kann sagen: der ganze Verstand der griechischen Politik ging dahin, im Rücken der Bulgaren jenseits der Donau und mit den Völkern, die am Nordrande des Schwarzen Meeres saſsen, soweit Beziehungen zu unterhalten, daſs man gegebenen Falls die Bulgaren durch Diversionen im Schach halten konnte. Damals, seit dem Ende des neunten Jahrhunderts, saſsen von den Ungarn ostwärts, von den Niederungen der unteren Donau an und den Flüssen Prut

---

[1] de caerim. 689.
[2] Die Zurücksetzung, die Liudprand erfuhr, war nicht, wie seine Empfindlichkeit meinte, eine persönliche. Der Vorrang der Bulgaren beruhte auf den Verträgen. Überhaupt wurden aber fremde Gesandte (mit Ausnahme der Legaten der Patriarchen) nicht nach dem Range ihrer Fürsten behandelt, sondern die hohen Rangklassen des Hofes gingen ihnen vor. Hierüber ist das Werk des Philotheos (im Anhang der caerim.) sehr belehrend. Hierbei kann man sich erinnern, welchen Streit vor nicht langer Zeit die englischen duchesses mit den Gemahlinnen der fremden Botschafter über den Vortritt bei Hof ausgefochten haben.

und Seret über den Unterlauf des Dnjestr und Dnjepr zum Asowschen Meer und Don hin, die Petschenegen. Gute Freundschaft mit diesem von allen seinen Nachbarn gefürchteten Volk zu halten, war den Byzantinern eine Art Versicherung gegen die Bulgaren und der eigentliche Angelpunkt ihrer Politik im Norden. Wenn die Bulgaren unruhig wurden, war es viel wirksamer, als ihnen mit der eigenen Armee die Spitze zu bieten: die Petschenegen auf sie loszulassen, denen das Kriegs- und Beutegeschäft, zumal wenn sie es obendrein bezahlt bekamen, ein natürlicher und lohnender Beruf war. Diese Freundschaft ruhte auf dem allgemeinen Grundsatze, Völkerkoalitionen hintanzuhalten und durch einseitige Begünstigung die Interessen zu teilen. Wie gegen die Bulgaren, so konnte die petschenegische Freundschaft wertvoll sein gegen die russischen Normannen, deren Weg zum Schwarzen Meer durch Petschenegenland führte, oder auch gegen die Ungarn [1]. Nicht so sicher für Byzanz wäre ein Vertragsverhältnis mit den Ungarn gewesen. Wie sehr die Magyaren damals nach Westen ausschwärmten (und daher für die kaiserliche Politik nicht immer zur Verfügung standen), davon wußten Deutschland und Italien schreckenvolle Dinge zu sagen. Gleichwohl kam es bei Gelegenheit vor, daß auch sie für Byzanz ein Geschäft besorgten. Dann fuhr eine griechische Flotte die Donau hinauf und setzte sie über [2]. Geschah es aber im Winter, daß der Strom festfror, so konnte man ohne Umstände den südlichen Nachbarn auf den Hals kommen.

Für alle Verwicklungen an der Nordgrenze waren die Besitzungen auf der Krim für Konstantinopel ein großer Vorteil. Von dort, als von einer vorgeschobenen Faktorei, wurden die Unterhandlungen mit den Petschenegen gepflogen; von dort gingen die Wege zu den Russen, zu den türkischen Chazaren, deren Grenzplatz Sarkel am Don (Weißenburg) von griechischen Baumeistern

---

[1] Ein Beispiel einer glücklich abgewendeten russisch-petschenegischen Allianz bei dem sogenannten Nestor c. 27.
[2] Von der Donaubrücke Trajans hat schon Hadrian den Oberbau wieder abgebrochen. Mommsen, Röm. Gesch. V² 203. 208. Konstantin, de admin. imp. 173.

aufgebaut war, zu den Alanen und allen Volksstämmen zwischen dem Schwarzen und Kaspischen Meer. Von all diesen nordischen Barbaren hatte man, durch Erfahrung belehrt, eine sehr üble Meinung. „Sie haben von Natur, wie es scheint, eine Gier in sich, dafs sie alles haben wollen und immer noch mehr und dafs sie auch für kleine Dienste die höchsten Preise fordern. Man mufs ein für allemal ihren frechen Forderungen mit Ruhe und Klugheit begegnen. Sie wollen Kleider haben, wie sie nur der Kaiser trägt, und Goldschmuck wie am Altar der Sophienkirche [1]." Die Wichtigkeit der Beziehungen zu den Nordvölkern war der Grund, dafs man im neunten Jahrhundert die Autonomie der Stadt Chersones, des Hauptplatzes der westlichen Krim, aufhob, einen späten Rest altgriechischer Selbstverwaltung, und einen Gouverneur aus Konstantinopel hinschickte, wie in eine andere Statthalterei.

Eine ähnliche Rolle wie die Krim, und gleichfalls zur Regulierung der Abrechnung mit den Bulgaren, spielte am anderen Ende des Reiches die Statthalterschaft Dyrrhachium. Von dort liefen die Fäden, an denen man die slavischen Stämme der Nordwestecke der Balkanhalbinsel gegen die Bulgaren bewegen konnte. Dafs es für diese Völker immer nur eine Oberhoheit gegeben habe, die kaiserliche in Konstantinopel, wurde eifersüchtig behauptet. Die Wirklichkeit kümmerte sich nicht um diese Theorie, und in Serbien kreuzten sich bulgarische mit byzantinischen Machenschaften. Nur um der Bulgaren willen und einigermafsen der romanischen Seestädte Dalmatiens, die noch zum Reich gehörten, interessierte man sich in Konstantinopel für diese räumlich nicht sehr entfernten, aber durch ihr barbarisches Wesen ganz fremden Völkerschaften. An den Beschreibungen sieht man, dafs eigentlich nur die Küstenstriche an der Adria im Gesichtsfelde liegen. In die Berge des Hinterlandes hinein verschwimmen die Umrisse, und hört ein deutliches Wissen auf. Das Stillleben dieser herzegowinischen, bosnischen, serbischen, montenegrinischen und albanesischen Landschaften, in Raufereien,

---

[1] de admin. imp. 81 f.

Räubereien und in fröhlicher Anarchie sich erschöpfend, hat unverändert durch die Jahrhunderte, wie es auch nachher geblieben ist, die Aufsenwelt nur hin und wieder berührt.

Waren die Bemühungen um die Nordgrenze gleichbedeutend mit dem Schutz der Hauptstadt, die fast eine Grenzstadt geworden war, so bildeten die kleinasiatischen Provinzen den eigentlichen Körper des Reiches. Auch sie mufsten gegen einen Feind, gegen den Islam gedeckt werden. Im zehnten Jahrhundert war der Islam freilich nicht mehr von der explosiven Gewalt, von der früher alles zu befürchten war. In kurzer Zeit hatte sich hier die Entwicklung analog der im Römerreich vollzogen; das einst so ausgedehnte und furchtbare Ganze spaltete sich, und in den Teilen wiederum gediehen die Statthalterschaften, die Emirate, zu einer die Zentrale gefährdenden Selbständigkeit. Besonders an den Grenzen, geschärft und angespornt durch nachbarliche Eifersucht, ballten sich dann Herrschaften zusammen, wie sich ein Gewitter zusammenzieht, und ergossen sich in unaufhaltsamem und verwüstendem Angriff auf das Reich. Man kann nicht sagen, dafs diese ständigen Angriffe von der Süd- und Ostseite Kleinasiens her eine akute Gefahr für das Leben des Reiches bedeuteten, wie wenn sich in früheren Zeiten der Islam gegen Konstantinopel wälzte; aber es waren für die Grenzprovinzen Aderlässe, die langsam Wohlstand, Steuerkraft, Bevölkerung zerstörten. Diese Not erkannte die makedonische Dynastie. Alle ihre Aufmerksamkeit ging auf die Sicherung der Länder vom Kaspischen Meer bis zum Euphrat, wo die politische Arbeit besonders erschwert war durch den Eigensinn und die Sonderinteressen der armenischen Kleinstaaterei, und weiter bis zum kilikischen Taurus. Seit dem Ende des neunten Jahrhunderts ist an diesem Werke gearbeitet worden, auf Grund dessen dann am Ende des zehnten der grofse Vorstofs gegen den Islam gewagt werden konnte.

So erschöpften sich nach allen Seiten die Anstrengungen militärischer und diplomatischer Art darin, den Besitzstand zu erhalten, den das neunte Jahrhundert aufs schwerste bedroht sah. Sizilien, Kreta waren bereits abgerissen vom Reichsverband, und fast schien es, als sollte der Peloponnes das Schicksal dieser äußeren Glieder teilen, die der Reihe nach der Piraterie des Mittelmeeres erlagen. Es war eine große Arbeit, dieser Auflösung, dem Zerfall im Westen, Süden und Osten Einhalt zu thun, den Druck von Norden zu mindern. Nach hundert Jahren war diese Anstrengung überall von größtem Erfolg gekrönt. Im elften Jahrhundert gelangte das Reich wieder zu der größten Ausdehnung, die es seit Justinian besessen hat. Die Bulgaren waren überwunden; die arabische Macht (eigentlich immer nur eine terrorisierende Minorität gegenüber Syrern, Persern, Ägyptern, Berbern) hatte sich erschöpft; es war niemandem möglich, vorauszusehen, daß sich ihnen ein furchtbarer Erbe in den seldschukischen Türken erheben werde.

Ehe indessen diese Höhe erklommen war, in der ersten Hälfte des zehnten Jahrhunderts, arbeitete man in einem engen Horizont, auf das praktisch Nächstliegende gerichtet.

Nirgends besser als hier ist der Ort, des großen Aufschwungs zu gedenken, den im Dienst dieser großen politischen Aufgaben auch die Studien und theoretischen Bemühungen genommen haben. Über dem Dank, den die Litteratur ihnen schuldet, wird leicht der große politische Gedanke übersehen, der sich für jene Zeiten damit verband.

Die makedonische Dynastie brachte einen Anlauf zur Neubearbeitung alter Wissensschätze, der sich in zahlreichen Kodifikationen und Encyklopädieen verewigt hat. Man muß nicht glauben, es seien an der Spitze dieser Bewegung nur die Geister von Registratoren und Bibliothekaren thätig gewesen. Es war doch so, daß noch einmal das ganze Kapital von Wissen mobil gemacht wurde zur Herstellung und Neugründung des Staates. In einem Dasein, das sich immer noch ungebrochener Zusammenhänge mit der Kultur des Altertums rühmen durfte, war es die Überlegenheit von Alter und Erfahrung, die man zu nützen gedachte. Schon unter Kaiser Alexander Severus im dritten Jahrhundert findet man, wie neben den Sachverständigen die Geschichtskundigen befragt werden, was frühere Regenten in ähnlichen Fällen gethan hätten[1]. Eben dieser Gedanke wurde jetzt wieder mächtig und schuf neue Pandekten der Jurisprudenz, der Politik, der Medizin, der Landwirtschaft. Immer aber war die grofse Absicht, die tausend Präzedenzfälle und -artikel des Rechtes, des Krieges und der Taktik, der Geschichte zu sammeln und zu ordnen, um sie **nutzbar** zu machen, um sie in den **Dienst des Lebens** zu stellen und als wie die Zinsen eines alten Schatzes von Erfahrung zu geniefsen[2]. In diesem Sinne mufs man suchen, die ungeheuere kompilatorische Thätigkeit zu verstehen, die sich an die Namen der Kaiser Basilios, Leon und besonders des Konstantin Porphyrogennetos knüpft. Die praktischen Ziele rechtfertigen und — so mufs hinzugefügt werden — entschuldigen diese Werke. Denn wie könnte man sich verhehlen, dafs mit dem Umfange und der Festigkeit der Reichsgrenze auch Umfang und Qualität des Wissens zurückgegangen war. Der klassische Mafsstab ist uns zu gegenwärtig, als dafs wir nicht anhaltend die Dürftigkeit dieses Epigonentums empfänden. Es ist als wenn der Staub der Bibliotheken, der Museumsgeruch und die dicke Luft der Schulstuben an diesen Erzeugnissen zu spüren wäre. Manchmal erschrickt man beim Lesen darüber, dafs die Welt hier nur soweit zu existieren scheint, als sie in Akten und Büchern registriert war. An einer Stelle der Schriften Kaiser Konstantins VII., an der die Rede auf Spanien kommt, findet man bemerkt: Dafs der letzte Omajade nach dem Falle seines Hauses sich von Syrien nach Spanien gerettet habe, wisse er, aber nichts von seinen weiteren Schicksalen. „Denn seit das grofse Rom von den Goten erobert worden ist, hat die Verstümmelung des Reiches

---

[1] omnes litteratos et maxime eos qui historiam norant requirens u. s. w. Scriptores hist. Augustae, vita Alexandri Severi c. 16.

[2] Der Gedanke des $\kappa o \iota \nu\omega\phi\epsilon\lambda\grave{\epsilon}\varsigma\ \check{\epsilon}\rho\gamma o\nu$ kehrt in den Einleitungen aller dieser Sammelwerke wieder. Proömium der Geoponica ed. Niklas I 4 f., der historischen Exzerpte bei Wäschke, Philologus B. 41, 270 ff.; der Taktik Leons in Meursii opera ed. Lami VI. Wenig ändert an dieser Auffassung und Absicht der Nachweis, der neuerdings z. B. für die Bücher der Landwirtschaft erbracht worden ist, dafs die Neuherausgabe in konstantinischer Zeit nur eine Titelauflage war und bereits vorhandene Sammlungen wiederholte.

I. Das Reich im zehnten Jahrhundert. 13

begonnen und kein Geschichtschreiber spricht mehr von Spanien oder vom Hause des Moawija[1]." Erst um die Mitte des zehnten Jahrhunderts kam etwas Licht in dieses fast zweihundertjährige Dunkel; es wurden Gesandtschaften zwischen Konstantinopel und Kordova gewechselt. Als die Griechen unter anderen Geschenken ein Exemplar des spanischen Geschichtschreibers Orosius und einen griechischen Dioskorides überreichten, fand sich, dafs in Kordova niemand genug griechisch konnte, um das Werk des Dioskorides (das berühmte Buch über die Arzneien) zu übersetzen. Darauf sandte der Kaiser von Konstantinopel einen Mönch, der das Griechische und das Latein beherrschte, und diesem Mönch zusammen mit einem gelehrten Juden, der in Diensten des Kalifen stand, gelang es endlich, unter Beihülfe einer ganzen Kommission arabischer Gelehrter — denn aufser den Sprachkenntnissen wurde doch medizinisches und botanisches Wissen erfordert — die Übersetzung des kostbaren Werkes ins Arabische zu ermöglichen[2].

Nur bei solchen Gelegenheiten, wenn Gesandte gingen oder kamen, erfuhr man genaueres über fremde Länder[3]. Eine Art des Gedankenaustausches und des Nachrichtendienstes, in die sich unsere Vorstellung kaum zurückversetzen kann.

Einen Kaiser, wie Konstantin den Grofsen, der, in Britannien geboren, der Reihe nach in Trier, Rom und Konstantinopel residierte, konnte es nicht mehr geben. Wenn der Reisende von heute beim Anblick der Ruinen römischer Gröfse, die sich über drei Weltteile ausbreiten, erschüttert die Allgegenwart

[1] de admin. imp. 97. Jene letzte Notiz über Spanien ist aus Theophanes (ed. de Boor) I 426 geschöpft.

[2] Die Einzelheiten sind von Silv. de Sacy mitgeteilt in Abdallatif, relation de l'Egypte 495 ff. aus dem Werke des Arztes Ibn Dscholdschol. Der Dioskorides war illustriert, wie die meisten Exemplare in unseren Handschriftensammlungen. Besonders berühmt sind die Miniaturen einer Wiener Handschrift. Die Gesandtschaften sind erwähnt bei Liudprand, antap. VI 5 und de caerim. 571, 580 und 664.

[3] Dafs die Nachrichten Konstantins über Italien zum Teil auf den Erzählungen Liudprands beruhen, der a. 949 als Gesandter in Konstantinopel war, hat Dümmler gewifs mit Recht ausgesprochen. Sitzungsberichte der Wiener Akad. phil.-hist. Classe, Bd. 20, S. 358, Anm. 1.

Roms nachempfindet, so hatte diese Gröfse für das zehnte Jahrhundert längst aufgehört. Die Zeiten waren vorüber, wo man auf dem palatinischen Hügel und in den Hallen der Fora den Weg der Legionen durch den Wüstensand von Syrien zum Euphrat hinüber verfolgte, und ein Echo herüberklang aus den Lagern im Nilthal, an den Grenzen in Germanien und fern im nebeligen Britannien. Aus der einen grofsen römischen Welt waren verschiedene kleine geworden, die sich, man glaubt nicht wie wenig berührten. Ein Mittelpunkt, wie ihn für die griechisch-orientalischen so gut wie für die lateinisch-keltischen, die afrikanischen und germanischen Bereiche Rom gebildet hatte, bestand nicht mehr. Das „neue Rom" aber am Bosporus, obwohl es von den sieben Hügeln seines natürlichen Bodens bis zu den Zirkusspielen und der Staatsmaschinerie das alte kopierte, war für die germanische Welt nichts mehr als eine Fabel vom Schlaraffenland und einem goldenen Schatzhaus, bewacht von Ränken und gefährlichen Anschlägen. Und so war auch Konstantinopel keine Warte mehr, von der aus man die ganze Welt übersehen hätte; seit der Sitz des Reiches von Rom dahin verlegt war, hatte sich der westliche Horizont immer mehr gehoben und hatte verborgen, was dahinter lag an Leben und Geschichte. Nirgends vielleicht war in der ersten Hälfte des zehnten Jahrhunderts das Reich so inselhaft abgeschlossen wie gegen Westen.

Die Front des Reiches — dafs man so sage — lag nach Osten. Hier reichte der Blick von der Nordseite des Schwarzen Meeres zum Kaspischen Meer, über das Quell- und Stromgebiet des Euphrat und Tigris zum Persischen Meerbusen und nach Syrien und Ägypten. Nach dieser Seite war alle Aufmerksamkeit gerichtet, wenn man auch einstweilen noch mehr in der Parade lag als im Ausfall, und es war eine wohlbegründete Überlieferung, dafs die Gouverneure der asiatischen Provinzen höher im Rang standen und bei Hofe den Vortritt besafsen vor den europäischen [1].

---

[1] de caerim. 712 ff. Die Provinzen Thrakien und Makedonien figurieren noch am Ende des IX. saec. mitten in der Liste der orientalischen

I. Das Reich im zehnten Jahrhundert. 15

Sollte man nun aber denken, dafs die Gemeinschaft der christlichen Religion, deren Wiege im Orient stand, der „katholischen" Kirche im alten Sinne des Wortes, den Einflufs des Reiches weit über seine östlichen Grenzen erhalten und gefördert habe, so mufs man sich hüten, diesen Faktor zu überschätzen. Das Ansehen, das Byzanz als christliche Schutzmacht dort genofs, fand seine Schranke an den tiefen Sektenspaltungen jener Bereiche. Die Patriarchate des Ostens waren durch Schismen in sich geteilt, und je mehr die griechisch orthodoxen Patriarchate seit der Eroberung des Landes durch den Islam sich zu Konstantinopel gehalten hätten, von dem sie finanziell abhängig wurden, um so mehr hätten sie das Mifstrauen und die Feindseligkeit der muhammedanischen Landesherren zu fürchten gehabt. Dennoch kam es zu Anfang des zehnten Jahrhunderts noch einmal vor, dafs ein griechischer Kaiser, in Streit geraten mit seinem Patriarchen (es war der sogenannte Tetragamiestreit Kaiser Leons), wie in den Zeiten der alten Kirche an die Patriarchen von Rom, Alexandrien, Antiochien und Jerusalem appellierte. Darauf erschienen wirklich Gesandte jener vier Stühle in der Hauptstadt am Bosporus [1]. Dreifsig Jahre später sandte ein Patriarch von Konstantinopel nach Alexandrien und Antiochien und bat, die alte Gebetsgemeinschaft, die sogenannte commemoratio, zu erneuern. Man hört bei dieser Gelegenheit, dafs die Patriarchen seit der Zeit der Omajaden einander nicht mehr in dem offiziellen Kirchengebet erwähnten und für einander beteten [2]. Bereits im Anfange des neunten Jahrhunderts war die Verbindung nur noch gelegentlich und eine Ausnahme. Als Theophanes damals eine Chronik von Diokletian bis herab auf seine Zeit zu schreiben unternahm, — man kann sagen, das letzte Werk des Mittelalters, welches

---

Themen; erst mit dem X. saec. werden sie an die Spitze der westlichen Provinzen gestellt.

[1] Vita Euthymii (de Boor) 46 und 54 nebst den Briefen Nr. 18, 21, 23 des Gesandten Choirosphaktes im ersten Bande des athenischen Δελτίον der histor. und ethnolog. Gesellschaft. Eutychius ed. Pococke II 484 f., auch ep. 32 des Patriarchen Nikolaus. Dazu die Erörterungen von de Boor 170 u. 191.

[2] Eutychius Alex. II 531.

vom griechischen und vom lateinischen Publikum gelesen wurde; denn es ist im gleichen Jahrhundert am päpstlichen Hofe übersetzt worden — hatte er wohl noch die große Gemeinschaft der christlichen Welt, ja des alten Orbis gegenwärtig. Die römischen Kaiser, die Perser- und später Araberfürsten sind darin berücksichtigt, und von den fünf ökumenischen Patriarchen hat ein jeder seine besondere Rubrik[1]. Aber man bemerkt, daß ihm für die drei östlichen Patriarchate mit der Zeit des Kaisers Heraklios (Anfang des siebten Jahrhunderts) die Quellen versiegen; er hatte nicht mehr das Material, um seine Rubriken zu füllen. Für Rom selbst sind sie lückenhaft und unzuverlässig.

Wir stehen hier vor der Thatsache, daß, indem das Reich sich orientalisierte und isolierte, auch die Kirche die Isolierung zu hemmen nicht in der Lage war. Ja, die Verbindung mit den anderen Patriarchaten, wenn sie noch einmal angeknüpft wurde, war gegen den Wunsch der griechischen Kirche. Diese Beziehungen sind von der weltlichen Regierung zu politischen Zwecken erhalten worden.

Was war nun aus der Mittelmeerwelt geworden, der ruhmvollen Szene, auf der die alte Geschichte spielt!

Man muß einmal den Standpunkt von Konstantinopel verlassen und sich nach Ägypten versetzen, nach Italien, nach Spanien, um zu empfinden, wie eng überall, und das unmittelbar an den Küsten des Mittelmeeres, der Horizont sich geschlossen hatte.

Ein Patriarch der griechisch-orthodoxen Kirche von Alexandrien in Ägypten hat in der ersten Hälfte des zehnten Jahrhunderts ein Geschichtswerk geschrieben; er schrieb bereits in arabischer Sprache. Aus seinem eigenen Erleben sind ihm die hierarchischen Berührungen bekannt, von denen zuvor die Rede war, die kaiserliche Berufung an die Patriarchate im Tetragamiestreit; mit der zeitgenössischen Geschichte der Kaiser von Byzanz ist er vertraut; er erwähnt den Friedensschluß mit den Bulgaren und den Frieden zwischen dem Kaiser und dem ägyptischen

---

[1] Sehr lehrreich de Boor, Theophanes II 474 ff.

I. Das Reich im zehnten Jahrhundert.

Kalifen, seinem Landesherrn. Das, was weiter zurückliegt, kennt er nicht. Kein Wort von dem großen Streite des Photios und Ignatios; von Karl dem Großen kein Wort. Von Papst Gregor dem Großen lautet die kurze Erwähnung: er wurde im fünften Jahr des Kaisers Maurikios als Patriarch in Rom eingesetzt; er saß dreizehn Jahre auf dem päpstlichen Stuhle und starb dann[1]. Die Blätter dieser alexandrinischen Chronik sind von ganz anderen Dingen erfüllt: von der Reihenfolge der Kalifen, von dem Sturz der tulunidischen Macht und dem Aufkommen der Fatimiden, von den Plünderungen der Karmaten in Mekka und im übrigen von theologischem Kampfgeist. Der innerkonfessionelle Standpunkt des Orthodoxen und sein Gegensatz zu den monophysitischen Kopten tritt fast noch mehr hervor als das hin und her schwankende Verhältnis zur herrschenden Gewalt, dem Islam. Das Gefühl der Katholizität der christlichen Kirche ist im Schwinden, wenn nicht im Erlöschen.

Dieser Kulturwelt gegenüber liegt das südeuropäische Abendland fast wie eine abgekehrte Hemisphäre.

Italien ward erst nach der Mitte des zehnten Jahrhunderts durch das deutsche Königtum aus dem Sonderdasein eines provinzialen Lebens herausgerissen. An Liudprand von Kremona, einem Litteraten im geistlichen Gewand, der aus dem Dienste eines einheimischen Fürsten zu König Otto übertrat, kann man sehen, wie es anfing, lichter zu werden und weiter um dieses Land. Er lernte in Deutschland, in Frankfurt, einen christlichen Bischof aus Spanien kennen, der als Gesandter seines muhammedanischen Landesherrn an König Otto geschickt war. Diesem Fremden muß Liudprands Weltläufigkeit und seine Kenntnis vieler Geschichten großen Eindruck gemacht haben; denn der Spanier bat ihn, doch eine Geschichte der Könige und Kaiser in Europa zu schreiben. Das Buch, das durch diese Aufforderung angeregt wurde, ist uns erhalten. Es spannt seinen Blick weit, vom Bosporus bis nach Dänemark und nach Spanien, und in der That, was sollte man nun sich nicht alles erwarten von einem Menschen, der im zehnten Jahrhundert über eine so seltene

---

[1] Eutych. ed. Pococke II 195.

Gelegenheit, sich zu bilden und Kenntnisse zu erwerben, verfügte! Aber der bornierte Geist des Autors vermag sich nicht dementsprechend auszuweiten. Der Begriff des Orbis Romanus ist ihm nur eine Schulphrase wie hundert andere. Obgleich er die Welt gesehen, wird es ihm nicht möglich, den Kreis der herkömmlichen Vorstellungen und des Schulstils zu durchbrechen. Da Liudprand das Brod des deutschen Königs afs, konnte er nicht anders als dessen Ruhm verkünden; aber er malt ihn, den König, der nie den sächsischen Tonfall der Sprache verlernte, höchst geschmacklos wie einen alttestamentlichen Gesalbten. Nirgends hat man ernstlich das Gefühl, dafs seine Sympathieen auf der deutschen Seite waren. Liudprand verstand aufser seiner Muttersprache und dem offiziellen Latein deutsch und griechisch. Aber Staat macht er nur mit seiner Kenntnis des Griechischen und der ganzen byzantinischen Welt. Seine Eitelkeit putzt sein Latein mit griechischen Brocken [1] noch ebenso wie es Cicero in den Briefen an seine Freunde liebte, wie es die karolingischen Gelehrten gern thaten und ein Jahrhundert nach Liudprand sein Kollege Benzo von Alba. Die germanischen Mächte waren wohl in all den Jahrhunderten ein Gewicht geworden in der Welt, und Otto war für Italien ein ganz anderer Eindruck als ein Cheruskerfürst, der seine Wälder von römischen Legionen säuberte. Was aber konnte diese deutsche Welt des zehnten Jahrhunderts einem italienischen Litteraten und Diplomaten an Kultur bieten, das sich hätte vergleichen können mit den Wundern und Sehenswürdigkeiten der Kaiserstadt Konstantins?

Zu eben dieser Zeit lebte am Hofe und im Dienste des muhammedanischen Herrschers von Kordova ein jüdischer Gelehrter, Chasdai [2], dem einmal Fremde aus Persien die

---

[1] Quia sonorius est. Antap. II 34. Ich habe für die Charakteristik Liudprands im ganzen die Bücher der antapodosis im Auge. Denn die legatio, wenn auch litterarisch viel reifer, ist beherrscht von der Stimmung eines Momentes. Ein Pamphlet, geschrieben von einem Manne, der kaiserlicher Gesandter zu sein glaubte oder vorgeben mufste und sich als Spion behandelt sah.

[2] Es ist derselbe, dessen Verdienste um die Dioskoridesübersetzung wir zuvor erwähnten. Er kommt auch in der Geschichte der Gesandt-

I. Das Reich im zehnten Jahrhundert.

aufregende Neuigkeit mitgebracht hatten, es bestände bei einem Volke, das man Chazaren nenne, ein unabhängiger jüdischer Staat. Man kann sich denken, dafs er das, was die Propheten verkündet, erfüllt glaubte. Er wurde nicht müde, wenn Gesandte aus fernen Ländern nach Kordova kamen, über diese Sache zu fragen und sich zu erkundigen. Endlich konnten ihm griechische Gesandte bestätigen, dafs es ein solches Volk wirklich gebe [1]. In Konstantinopel kannte man die Chazaren, ein Volk türkischen Stammes, das an der unteren Wolga safs, dann nach Osten weiter bis zur Steppe hin und südwestlich bis zum Kaukasus, ziemlich genau. Man stand im Handelsverkehr mit ihnen und bezog daher Fische und Pelzwerk. Im achten Jahrhundert waren sogar wiederholt Heiraten vorgekommen zwischen der griechischen Kaiserfamilie und dem Hause der Chazarenfürsten.

Chasdai wünschte sehnlichst, einen Brief an den König dieses Volkes zu schicken. Die Schwierigkeit aber war, das Schreiben zu befördern. Man schlug ihm vor, über Konstantinopel und die Krim; aber dieser Versuch mifsglückte. Es blieben zwei andere Wege übrig, über Jerusalem, Nisib in Mesopotamien und Armenien, oder aber durch die Slavenwelt, über Rufsland zu den Wolgabulgaren und von hier den Strom abwärts. In der That war es schliefslich diese Strafse, auf der der Brief an seine Adresse befördert wurde. Der Brief Chasdais und die Antwort des Königs, beide in hebräischer Sprache, sind in Abschriften erhalten [2].

schaft unseres Kaisers Otto 1. vor. Vita Johannis Gorziensis c. 121 (Mon. Germ. SS. IV). Über diese merkwürdige Person vergleiche auch Grätz, Gesch. der Juden V 359 ff. und Note 21.

[1] Konstantin, de admin. imp. 79 f. u. 172, erwähnt wiederholt ihre Verbindung mit den Magyaren, auch dafs ein Teil der Chazaren mit diesen fortgewandert sei. Wahrscheinlich gilt von diesen, was im XII. saec. Kinnamos 107 bemerkt, es gebe in Ungarn einen Stamm mosaischen Bekenntnisses.

[2] In französischer Übersetzung bei Carmoly, itinéraires de la terre sainte p. 29—59. Deutsch nach einem besseren Grundtext, aber unvollständig übersetzt von Garkavy in der russischen Revue VI (1875), 71 ff.

Der König schreibt ausführlich, besonders eingehend auf die Bekehrung, die im siebten oder achten Jahrhundert erfolgt war; sie seien nicht, wie durch die Sage verbreitet war, Reste der zehn Stämme, sondern Proselyten. Auf die Frage Chasdais, ob sie eine Zeitberechnung hätten, wann Israel erlöst würde, schreibt der König: hierüber wüfsten sie nichts bestimmtes; ihre Hoffnung ruhe in Gott. Die Geschichte verzeichnet diesen König als den letzten mächtigen Chazarenfürsten. Sein Reich erlag bald darnach den Russen, und der Rest den Byzantinern.

Erstaunlich sind die geographischen Angaben, die sich in diesen Briefen finden, Bemerkungen über die Breitegrade, die Ausdehnung der Länder und ihre Entfernung von einander. Noch war die geographische Wissenschaft der alten Griechen nicht verloren; sie lebte durch die Araber fort, mehr als durch die Byzantiner.

Es gab, wie man sieht, auch noch im zehnten Jahrhundert Verbindungen in der Welt und Möglichkeiten, die Ferne zu überwinden. Aber nur für Einzelne. Seitdem der Orbis Romanus gegründet worden, gab es vielleicht keinen Zeitpunkt, in dem die Welt mehr zerstückt war und in ihren Teilen von einander abgeschlossen, als vom Ende des neunten bis zur Mitte des zehnten Jahrhunderts.

II.
Eroberungspolitik und Verjüngung des Reichs.

Die Legitimisten der Hauptstadt. — Politik der kleinasiatischen Provinzen. — Bulgarenkriege und -siege. — Profancharakter der neuen Politik. — Über Krieg und Christentum in Byzanz.

Die Idee, dafs das byzantinische Reich in chinesischer Abgeschlossenheit, dem Kult einer uralten Überlieferung gewidmet, seinen Daseinszweck erfülle und erschöpfe, mag wohl in einzelnen Köpfen gelebt haben; wie die Dinge aber lagen, fanden alle Don Quixoterieen des Legitimismus und alle Ausschreitungen historischer Romantik ihre Schranke an den nüchternen Anforderungen des Tages und an der Notwendigkeit, in einer veränderten Welt das Leben einzurichten. Das Reich würde nicht all die Zeit sich haben behaupten können, wenn es nicht immer wieder die Mittel gefunden hätte, sich zu verjüngen.

Es gab wohl einen Kreis, in dem man den Konservatismus so weit trieb, dafs man in der Unveränderlichkeit des Faltenwurfs und der Gewohnheiten eine Art Staatsraison fand. An welchem Punkte immer schien hier jede Neuerung einen Angriff auf geheiligte Grundsätze zu bedeuten. Aus der Heidenzeit hatte sich im Volke und am Kaiserhofe der Brauch des Brumalienfestes erhalten, ungeachtet es früher einmal durch ein Konzil verpönt worden war. Schon bei Schriftstellern des

II. Eroberungspolitik und Verjüngung des Reichs.

sechsten Jahrhunderts liest man, Romulus selbst habe es gestiftet. Es war wie alle grofsen Hoffestlichkeiten durch die Diners mit zahlreichen Einladungen und die damit verbundenen kaiserlichen Geldspenden eine teuere Sache. Denn es dauerte vierundzwanzig Tage, vom November bis in den Dezember hinein, so viele als das Alphabet Buchstaben hatte. Die Einladungen zu Hof ergingen nach den Initialen, für jeden Buchstaben ein Tag. Eine grofse Zeit für Musik und die Gelegenheitspoesie und -rhetorik der Bettellitteraten[1]. Kaiser Romanos I. Lakapenos, der statt Konstantins VII., des legitimen Herrschers, das Reich regierte, schaffte das Brumalienfest ab. Kaum kam aber der Augenblick, wo die Hofpartei das Heft in die Hand bekam, so wurde es in allem Glanz wiederhergestellt. Denn wie durfte man wagen, an einem Brauche zu rühren, den die grofsen Kaiser Theodosios und Justinian geübt (und der für so viele Leute eine Einnahmequelle bedeutete)!

Als der Reichsregent Friede machte mit den Bulgaren und damit einer alten Sorge und Not ein Ende bereitete, es deshalb auch zugab, dafs als Pfand des Friedens, der vielen gefangenen Griechen die Freiheit wiedergab, eine kaiserliche Prinzessin dem Bulgarenfürsten zur Ehe gegeben ward[2], stieg die Erbitterung in jenen exklusiven Kreisen aufserordentlich. Wie könnten Rücksichten auf einen augenblicklichen Vorteil in die Wagschale fallen gegen Satzungen, auf denen das Reich und seine Stände ruhen! Der Adel des Römerstaates werde gekränkt. Man war der Meinung, dafs solche Verbindungen dem Eindringen fremder Sitten und Neuerungen aller Art Vorschub leisteten, die nur Zwist und Unfrieden ins Land brächten. Die Verurteilung des Ehebündnisses mit den Bulgaren

---

[1] Tomaschek, über Brumalia und Rosalia, Sitzungsberichte der Wiener Akad., phil.-hist. Cl. B. 60, besonders der zweite Abschnitt. Auch Rich. Förster, duae Choricii .. orationes, Breslauer Index lectionum 1891/92, S. 5 ff.; de caerim. II, c. 16.

[2] Die Prinzessin war aus der Familie des Romanos. Eine purpurgeborene aus dem Blute der makedonischen Dynastie hatte man trotz allem Drängen verweigert. Ep. 16 des Patriarchen Nikolaus. Eutychius Alex. II 512.

II. Eroberungspolitik und Verjüngung des Reichs.

ist schon das borniertest Blaublütige, was sich erdenken läfst: „es gelte für ganze Völker genau, was für jedes einzelne Geschöpf Satzung sei, dafs es sich zur Fortpflanzung nur mit Seinesgleichen verbinde"; als wenn diese Bulgaren einer anderen Art Menschen angehört hätten [1].

Der Reichsregent wurde von dieser Seite als ein plebejischer Emporkömmling verachtet und gehafst, und seine geringe Achtung alter Formen hochmütig mit seiner Unbildung entschuldigt. Über die kräftigen, freilich ungebildeten und barbarischen Kaiser des konstantinischen Jahrhunderts findet man dasselbe wegwerfende Urteil in der Litteratur ihrer Zeit [2]. Es war aber für das vierte wie für das zehnte Jahrhundert ein Glück, dafs diese Kreise, denen Ahnen- und Bildungshochmut die gesunde Anschauung der Wirklichkeit verdarb, nicht den Ausschlag gaben in der Regierung.

Während Kaiser Konstantin Porphyrogennetos, wie er den Becher Wein liebte, so sich am Studium des glanzvollen alten Ritual- und Zeremonialwesens des Kaiserhofs berauschte (nicht ohne die Empfindung, dafs die Zeit den Sinn dafür verliere [3]), ging die Reichspolitik unbeirrt ihre eigenen Wege.

Die byzantinische Überlieferung hat dieses mit der spätrömischen gemeinsam, dafs die einseitige hauptstädtische Auffassung vorherrscht. Sowie man die unverdorbene Luft der Provinzen und der Grenzen atmet, gewinnen die Dinge ein anderes Ansehen. Konstantinopel mit seiner ungeheueren Bevölkerung, gierig auf Feste und Sehenswürdigkeiten, mit einer höheren Gesellschaft, die sich gern mit dem Staate identifizierte, war immer ein Element von mächtigem Einflufs in der byzantinischen Geschichte. Kaiser Nikephoros Phokas wufste sehr wohl, warum er das Kaiserschlofs, den „grofsen" Palast, durch eine Befestigung von der Stadt absperren liefs. Will man aber den

---

[1] de admin. imp. 86 ff., 89: $εὐγενὴς\ πολιτεία\ Ῥωμαίων$.
[2] Man sehe S. Aurelius Victor passim, über Galerius, Constantius, Vetranio, Licinius. Der Glanz der litterarischen Bildung unter der julischen Dynastie blendet ihn: tantae artes profecto texissent modica flagitia.
[3] de caerim. 458 klingt wie ein Protest.

großen Aufschwung der byzantinischen Macht in der zweiten Hälfte des zehnten Jahrhunderts verstehen, so muß man den Standpunkt an der Reichsgrenze nehmen. Zumal in den kleinasiatischen Marken haben sich diejenigen Elemente gebildet, die in den folgenden Zeiten die Politik gemacht haben.

Es war ein besonderes Interesse der grundbesitzenden Barone Kleinasiens, das ihnen eine Erweiterung der Reichsgrenzen wünschbar machte. Seit den zwanziger Jahren des zehnten Jahrhunderts arbeitete die Reichsgesetzgebung mit weitschauender Konsequenz am Schutze der freien Bauernschaften gegen die Mehrung des Großgrundbesitzes. Die Grundherren sahen im eigenen Lande nichts als Hindernisse erstehen. Das war das eine, was diesen Kreisen den Wunsch nach Eroberungen nahelegte. Überhaupt aber litt das Grenzland durch die periodischen Einfälle der muhammedanischen Nachbarn über die Maßen. Dauernde Sicherheit war nur zu hoffen, wenn es gelang, die arabischen Herrschaften zu zerstören und sich durch eine große kriegerische Demonstration Achtung zu verschaffen. Die alte Übung und Taktik früherer Zeiten, daß ein Kaiser mit großem Apparat zu Felde zog, konnte doch diesen Provinzen keinen genügenden Schutz geben. War im besten Fall das Unternehmen siegreich, wurde der Feind geschlagen und gar ein arabischer Emir gefangen, so endete der Zug in der Residenz mit einem großen Theater. Im Hippodrom sangen alle Chöre: Lob sei Gott, der sie vernichtet hat, die Leugner der Dreieinigkeit! Die Gefangenen mußten sich in der Arena auf den Boden niederwerfen, und das Volk wiederholte im tutti dreimal, was der Chor sang: Durch Gottes Gericht sind die Feinde in den Staub gesunken. Oder der Kaiser hielt seinen Triumphzug durch die reichgeschmückte Stadt; am Konstantinsforum gab es dann eine große Szene; der gefangene Emir mußte sich dem Kaiser zu Füßen legen; der setzte ihm den purpurbeschuhten Fuß auf den Nacken, und der Chor fiel ein: wer ist wie unser Gott! Alle diese und ähnliche Feste waren sehr kostspielig; man kann sich vorstellen, was für ein Personal von Zirkuskünstlern, Musikanten, Statisten solche Triumphe, Stiftungsfeierlichkeiten, Krönungen und vor allem

II. Eroberungspolitik und Verjüngung des Reichs.

die Spiele, die damit verbunden waren, erheischten[1]. Aber einerlei, die Hauptstadt wenigstens war zufrieden und ruhig. Indessen begann sehr bald draufsen an der Grenze das alte Unheil von neuem. Orientalische Berichte nennen den Statthalter von Tarsus kurzweg den „Herrn der Sommerfeldzüge". So sehr waren diese kriegerischen Ausflüge eine Regel geworden; aber sie blieben nicht einmal auf den Sommer beschränkt; auch im Winter fehlte es nicht an Privatunternehmungen und Beutezügen[2]. Fand es der Emir einmal für gut, einen Frieden sich abkaufen zu lassen, so wurden seine Gesandten in Konstantinopel höchlich geehrt; die Beschreibung ist erhalten von dem Aufwand, den der Kaiserhof zu ihrem Empfange machte, wo denn die Stoffe und Teppiche und Kronleuchter verzeichnet sind, die man aus Klöstern und Kirchen zusammenlieh, um das weitläufige kaiserliche Schlofs durchaus zu möblieren. Alle Hofchargen standen in grofser Uniform und die Truppen unter Gewehr[3]. Aber der Friede hatte keine Sicherheit des Bestandes. Jenes arabische Fürstentum lebte von dem Ertrage der Unternehmungen, mit denen es die griechischen Provinzen brandschatzte. Ausdrücklich wird griechischerseits hervorgehoben, die Sarazenen hätten keinen Kriegsdienst, der auf der Militärpflicht der Bauern beruhe, sondern es sei ein Räubergeschäft, das besonders die Armen durch die Aussicht auf Beute anlocke[4].

Solchen Gefahren ausgesetzt, deren Ende nicht abzusehen war, besannen sich die Grenzstatthalter des Reichs allmählich auf ein anderes System. Statt sich auf die kostspielige und seltene Hülfe der Reichsarmee zu verlassen, exerzierten sie ihre kleine Provinzialmacht in einer neuen, ortsgemäfsen Taktik mit gutem Nachrichtendienst, mit Auflauern und Überfallen des

---

[1] Für das sechste Jahrhundert eine Stelle in dem Anonymus περὶ στρατηγικῆς bei Köchly u. Rüstow, Griech. Kriegsschriftsteller II, 2. 54. Übrigens de caerim. 332 u. 610.
[2] Leon τακτικά XVIII 125, wo der Text korrigiert werden kann aus der sogenannten Taktik Konstantins (Meursius-Lami VI 1397).
[3] de caerim. 570 ff.
[4] Leon Taktik XVIII 24. 128. 137.

Gegners, mit besserer Ausnutzung des Terrains, bis sie so geschickt zu manövrieren verstand, dafs feindliche Einfälle zurückgewiesen und unschädlich gemacht werden konnten. Aus dieser Grenzdefensive mit ihrer unablässigen Schulung erwuchs die militärische Kraft von neuem [1]. Auf die Familie der Phokas, die, reich begütert im kappadokischen Grenzlande, das Hauptverdienst an dieser militärischen Reform für sich beanspruchen darf, die aus Bauern Soldaten machte, ist damals das Wort des Propheten angewendet worden: sie verwandeln die Pflugschar in Spiefse und die Sicheln in Schwerter. Endlich erstand aus diesem Hause ein Kaiser, Nikephoros Phokas. Er hat die Inseln Kreta und Cypern, er hat ganz Kilikien dem Reich zurückgewonnen und die Fahnen über den Euphrat und bis an die Grenzen von Palästina getragen (961—968). Die kunstvollen ehernen Stadtthore der kilikischen Städte Tarsus und Mompsuestia wurden im Triumph nach Konstantinopel gebracht, die Kirchen mit den hochgeschätzten Spolien kostbarer Reliquien bereichert; endlich kam auch Antiochien, die Königin des Orontesthales, nach 330jähriger Trennung zum Reich zurück [2].

Jetzt wurde auch auf der europäischen Seite des Reichs die Offensive ergriffen. Die allgemeine Lage, wie sie bis dahin bestand, konnte es fast rechtfertigen, wenn ein Barbarenfürst dem Kaiser spöttisch den Rat gab, er möge mit den Römern nach Asien übersiedeln; in Europa habe das Reich nichts mehr zu thun. War es auch besser geworden gegen die Zeiten, da Salonik und Patras nur mehr wie Inseln aus der slavischen Brandung aufragten, so lastete immer noch der Alpdruck der Bulgaren auf den Provinzen Thrakien und Makedonien. Seit

---

[1] Hierfür ist Quelle die wertvolle taktische Schrift, die Ben. Hase ad calcem des Leon Diakonos herausgegeben hat. Schlumberger, Nicéphore Phocas, p. 169—186, der den Aufklärungsdienst mit dem unserer Ulanen von 1870 vergleicht. Jähns, Geschichte der Kriegswissenschaften I 176 ist wenig befriedigend. Auch Kaiser Leon hat seine Taktik mit besonderer Rücksicht auf den Sarazenenkrieg abgefafst. XVIII 142. Epilog 71.
[2] Zu den Zeiten des Omar und Heraklios hatten es die Araber erobert. Theophanes (de Boor) I 340.

II. Eroberungspolitik und Verjüngung des Reichs.

drei Generationen arbeitete der griechische Einfluſs, besonders durch die Kirche, ihre Wildheit zu zähmen. Wie viele Briefe hatte nicht der Patriarch Nikolaus an den gröſsten unter den Bulgarenzaren, Symeon, geschrieben, ihn beschworen, den Frevel des Krieges zu beenden, nachdem Gott die Zwischenmauer der Feindschaft niedergeworfen und Bulgaren und Römer durch den Glauben zu Brüdern gemacht habe; wie oft hatte er ihm mit dem Zorn Gottes gedroht, der ihre Auflehnung rächen werde; denn seien nicht alle, die Konstantinopel angegriffen, zu Grunde gegangen, die Perser, Awaren und Sarazenen [1]!? Auch nachdem endlich Friede geworden war, wurde das Dasein eines selbständigen Bulgarenstaates von den „römischen" Regenten fortgesetzt als eine Usurpation empfunden. Unter Kaiser Nikephoros kam es über einen Ungarneinfall zu neuen Miſshelligkeiten. Aus diesem Anlaſs erhob man sich zu dem Plan, die Grenze wieder bis zur Donau vorzuschieben und womöglich die Reichshoheit über die Bulgaren aufzurichten. Der Angriff erfolgte nicht mit eigenen Kräften; alter Gewohnheit folgend übertrug man die Kriegsarbeit den Barbaren des Nordens und begann von der Krim Verhandlungen mit den Russen. Sonst hatte man wohl die Petschenegen über die Donau gerufen, um den Bulgaren zur Ader zu lassen. Diese alte Geschäftsverbindung war gut, so lange man nicht mit der Aussicht zu rechnen hatte, die Petschenegen zu Nachbarn zu bekommen. Jetzt aber, unter veränderten Absichten, scheint man gefürchtet zu haben, daſs sie ihre Hülfeleistung als eine Art Hausrecht oder Hypothek auf das Land zwischen Donau und Balkan ausbeuten würden. Sonach erschienen die Russen mit Heeresmacht auf dem Plane, und bald wurden sie Herren über die Bulgaren. Da geschah es aber, daſs sie, einmal im Besitz des Landes, nicht daraus weichen wollten und einen Bund machten mit Petschenegen und Ungarn. „Es gefällt mir nicht mehr in Kiew", läſst die altrussische Chronik den Fürsten zu seiner betagten Mutter sprechen; „in Prestlav (im Bulgarenland) ist aller Reichtum: aus Byzanz die kostbaren Stoffe,

---

[1] Nikolaos Mystikos, passim; besonders ep. 10 (Spicileg. Romanum X. 2. 201 f.).

Wein und Früchte; aus Böhmen und Ungarn Pferde; aus Rufsland Honig und Wachs, Häute und Sklaven[1]." Es wandte sich nun so, dafs der Kaiser von Konstantinopel — es war Johannes Zimiskes — das Schwert zog im Bunde mit den unterdrückten Bulgaren. Ihr Zar, Boris, befand sich in seiner eigenen Hauptstadt Prestlav in russischer Gefangenschaft. Der Kaiser überschritt den Balkan, an dessen Fufse im Quellgebiet der Kamtschija, die dem Nordrand des Gebirgs entlang zum Schwarzen Meer strömt, die alte Residenz der Bulgarenfürsten lag[2]. Zeitgenossen schildern die Pracht ihrer Bauten, den Reichtum der Fürsten in blendenden Farben. Die Stadt war fest und beherrschte durch ihre Lage zwei Balkanpässe; jetzt wurde sie überrascht und ergab sich dem Kaiser. Als der gefangene Bulgarenfürst befreit vor ihn geführt ward, überwand sich Zimiskes, ihn, entsprechend den Bestimmungen der alten Verträge, als Kaiser zu begrüfsen; denn, so fügte er hinzu, nicht um die Bulgaren zu knechten, sei er gekommen, sondern um sie zu befreien. Noch durfte er die Maske nicht abnehmen, noch war der Krieg nicht zu Ende. Es folgte die lange Belagerung von Silistria. Unter den Städten an der unteren Donau, die eine vielsprachige, stark mit Barbaren durchsetzte Bevölkerung besafsen[3], war dieses die gröfste; der Kern der russischen Macht unter Swiatoslav selbst (dem Sfendoslav der Bulgaren und Griechen) hatte sich hierhergezogen. Sie zu bezwingen gelang erst, als eine griechische Flotte die Donau

---

[1] L. Léger, chronique dite de Nestor, p. 53 f. Die sehr unsichere russische Überlieferung bei Nestor von c. 32 an weicht sehr von der griechischen ab, der ich gefolgt bin.

[2] Zwei Stunden südwestlich von Schumla, heute Eski Stambul, ein Ort von noch nicht 3000 Einwohnern und eine grofse Enttäuschung für die, die grofse Ruinen erwartet haben. Kanitz, Donaubulgarien III 70 ff. mit Abbildung. Die Identifikation mit dem trajanischen Marcianopel weist er als Irrtum nach. Jireček, Das Fürstentum Bulgarien 542 f.

[3] $\mu\iota\xi o\beta\acute{\alpha}\varrho\beta\alpha\varrho o\nu$ bei Michael Attal. 204. Als Durostorum, ein untermösisches Legionslager von Trajan gegründet. Mommsen V^2 207; vulgär: $\varDelta\varrho\acute{\iota}\sigma\tau\varrho\alpha$. Leon Diak. 134 hält die Stadt natürlich für eine Gründung Konstantins des Grofsen.

II. Eroberungspolitik und Verjüngung des Reichs.

herauffuhr und die Verbindung über den Fluſs zerschnitt. Auf den Abschluſs der Kapitulation folgt eine Szene, die lebhaft an jene berühmte Erzählung aus den Germanenkriegen der Römer erinnert, wo ein deutscher Häuptling auf seinem Einbaum über die Elbe fährt, um den gefürchteten römischen Feldherrn Tiberius zu begrüſsen. Johann Zimiskes hatte seinen Thron am Donauufer aufschlagen lassen, um den Russenfürsten zu empfangen, der den Kaiser zu sehen wünschte. Man sah einen Nachen den Fluſs daher kommen, in dem niemand war als ein einzelner Mann, der ruderte, weiſs gekleidet, wie alle seine Landsleute; „nur war sein Gewand reinlicher anzusehen[1]." Im einen Ohr trug er einen Goldschmuck mit zwei Perlen und einem Karfunkel. Es war Sfendoslav selbst.

Die Russen erhielten freien Abzug in ihre Heimat; sie waren unterlegen; der heilige Theodor auf weiſsem Pferd, meinte man, habe im Kampf für die Griechen entschieden, und eine neue Kirche wurde ihm zum Dank vom Kaiser erbaut.

Beim Triumphzug in der Hauptstadt lehnte Zimiskes die Ehre des Viergespanns ab; er ließ das Muttergottesbild, umgeben von der Bulgarenbeute, auf den Wagen des Triumphators erheben und folgte dahinter auf einem Schimmel. Der gröſste Moment war aber, als er dem Bulgarenzaren auf dem Forum vor allem Volk die kaiserlichen Abzeichen wegnahm, die goldene Krone, die Tiara und die roten Kaiserschuhe, und ihn darnach zu einer hohen byzantinischen Hofrangklasse „erhob". Die Krone wurde als Weihgeschenk in der Sophienkirche aufgehängt[2].

Der langgefürchtete Bulgarenstaat zwischen Dobrudscha und Balkan war den Schlägen der byzantinischen Politik schnell erlegen (971). Dem groſsen Zaren Symeon hatte die Erziehung in Konstantinopel, wo man ihn als halben Griechen und darnach, als er die kriegerische Tradition seines Volkes neubelebte, wie einen Abtrünnigen betrachtete, noch nicht viel

---

[1] An Attila hebt Priscus in seinem Gesandtschaftsbericht denselben Unterschied hervor.
[2] Alles nach Kedrenos-Skylitzes, Leon Diak. und Zonaras, soweit dieser selbständige Nachrichten hat.

anhaben können. Nach seinem Tode trat die Wirkung der Zivilisierung an den Tag. In den bulgarischen Klöstern, wo im zehnten Jahrhundert durch zahlreiche Übersetzungen aus dem Griechischen die slavische Litteratur begründet ward, wurde ein weltabgewandter Geist genährt; man sieht in der Auswahl der Vorlagen, auch wo es Profangegenstände sind, durchaus die mönchischen Formen und Geschmacksrichtungen vorwalten [1]. Gegen diese Gefahr und überhaupt gegen die byzantinische Kultur, die in den letzten Zeiten von der Dynastie gefördert worden war, erhob sich noch einmal aus dem altbulgarischen Adel eine kräftige Reaktion. Noch ehe die griechische Macht unmittelbar eingriff, war es zu einer Erhebung gegen den Zaren gekommen unter Führern, die in den griechischen Berichten „Grafensöhne" genannt werden. Ausgestofsen warfen sie sich nach dem Westen der Halbinsel und gründeten dort eine neue Dynastie, die der Schichmaniden, und einen neuen westbulgarischen Staat [2]. Eine Spaltung und ein Abflufs kriegslustiger Elemente, die es zweifellos verschuldet haben, dafs der Staat von Prestlav so schnell eine Beute erst der Russen und dann der Byzantiner wurde. Es zeigte sich aber jetzt, dafs jener Erfolg lange nicht genügte; da der Schwerpunkt bulgarischer Macht sich inzwischen nach Westen verschoben hatte, so erhob die Bulgarengefahr ihr Antlitz von einer neuen Seite: Aufstand und Krieg flammte empor von der Donau bis zu den Thermopylen. Das neue Reich wurde den wohlhabenden Südprovinzen nicht weniger gefährlich als es das Ostbulgarenreich den nördlichen gewesen war, und während an den Thermopylen die justinianischen Befestigungen erneuert und verstärkt wurden, kam es vor, dafs der Bulgarenzar Samuel einen Markt vor den Thoren von Adrianopel überfiel und plünderte. Die neue Hauptstadt Ochrida am gleichnamigen See im heutigen Albanien, bald nicht weniger glänzend als die alte am Nordfufs des Balkan gewesen war, erstrahlte im Ruhme geistlicher und irdischer Schätze. Aus Larissa raubte der Zar

---

[1] Bemerkung von Jagić, Archiv für slavische Philologie II 19.
[2] Um die Aufhellung dieser Verhältnisse hat sich der bulgarische Gelehrte Drinov grofse Verdienste erworben.

II. Eroberungspolitik und Verjüngung des Reichs.

die Reste des heiligen Achilleus, eines der Väter des ersten Konzils, von dem das Glaubensbekenntnis formuliert war, und legte sie in der Kirche von Prespa nieder. Als die Hauptstadt später von den Griechen erobert ward, fanden sich im Schatze des Bulgarenzaren hundert Zentner Gold, kostbare Kronen und Perlenschmuck und goldgewebte Prachtkleider.

Der Verzweiflungskampf um die bulgarische Selbständigkeit erfüllt die Regierung Kaiser Basils II., die sich über ein halbes Jahrhundert erstreckt (976—1025). Er erhielt den Beinamen des „Bulgarentöters". Seine Kriege haben einen anderen Charakter als der des Zimiskes gegen Prestlav und Silistria. Unter häufigem Glückswechsel mufsten die festen Schlösser im Gebirge erobert werden, und es gab kein anderes Mittel der Sicherheit, als sie mit Garnisonen zu belegen und die gefangenen Feinde aus der Wildnis hinaus in das offene Land zu deportieren. Bis nach Armenien findet man später Bulgaren angesiedelt[1].

Nach dem Siege empfing der Parthenon in Athen, längst in eine Muttergotteskirche verwandelt, den Dank des Kaisers. Der Besuch Basils und seine Weihgeschenke[2], so wenig Verwandtschaft an ihnen zu spüren sein mochte mit den blendenden Werken altgriechischer Kunst, schliefsen sich in der Entfernung der Zeiten nicht ganz unwürdig an jene Stiftung des Königs Attalos von Pergamos, womit er seine Siege über die Gallier auf der Akropolis von Athen verewigte[3].

Es war nun so, wie der moderne Geschichtschreiber der Bulgaren sagt: es gab keinen bulgarischen Staat mehr. Das byzantinische Reich reichte von Istrien bis zum Euphrat und von der Drau bis Kypros. Seit Justinian I. war die byzantinische Macht auf der Halbinsel niemals so fest begründet[4].

---

[1] Kedrenos II 462.
[2] Kedrenos II 475. Gregorovius, Gesch. der Stadt Athen, I 162 ff.
[3] Ich meine die Marmorgruppen, deren Reste hauptsächlich in den Museen von Neapel und Venedig erhalten sind, und deren Zusammengehörigkeit seinerzeit von Brunn erwiesen worden ist.
[4] Jireček, Gesch. der Bulgaren, 200.

Das Hochgefühl, das der grofse Aufschwung erweckte, wurde selbst wieder eine moralische Kraft, die es unternahm, das Reich auch im Innern zu bewegen. Jenes Schulstuben- und Museums-Byzanz, das sein Heldenideal nur aus Plutarch und Homer zu nähren gewöhnt war, fand sich überrascht zeitgenössischen Grofsthaten gegenüber. Dem Ruhm altrömischer Gröfse, der in den Sentenzen des rhetorischen Unterrichts gleichsam dogmatisiert war, wurde die Folie einer trostlosen Gegenwart entzogen, und man fragte, ob nicht die Sterne der Scipio, Caesar und Alexander erbleichen müfsten vor dem Glanz der Thaten der lebenden Generale. Ein jugendfreudig weltlicher Zug begann den Kampf gegen den müden Marasmus der überkommenen Zustände. In einem Witzblatt, das den Titel führt „Der Patriot", wird die pessimistische Weltflucht der Klosterkonventikel, der „auch am Geist Geschorenen", die aus dem Unglück des Staats moralische Erbauung ziehen, und die aus einem Hirn, durch Fasten entkräftet, böse Träume spinnen, verspottet und der kaiserlichen Sonne gegenübergestellt[1]. Die Beute brachte Geld herein, und die byzantinische Welt wurde endlich wieder einmal mit Gloire gefüttert. Ein Wechsel der allgemeinen Stimmung, der auch die innere Politik ergriff und zu einem antikirchlichen Anlauf ermutigte. Mit Berufung auf das alte, wahre Christentum nahm die Gesetzgebung gegen den Grofsgrundbesitz eine scharfe Wendung gegen Kirchen- und Klostergut. Hinfort sollte jede Mehrung desselben verboten sein, ein Gesetz, das, wenn auch bald widerrufen, doch seine Spur in der Tradition der Politik hinterlassen hat. Über den hergebrachten thatsächlichen Einflufs ging die Monarchie jetzt dazu vor, auch Rechtens die Freiheit kirchlicher Wahlen aufzuheben.

---

[1] „Philopatris", ein seltenes Stück der Tagesjournalistik von Konstantinopel, ganz im Geschmack des Lukian, den man früher für den Verfasser hielt. Über die Zeit der Entstehung Krumbacher, Gesch. der byzantinischen Litteratur p. 188 f. Gibbon im 12. und 16. Cap. bezog es auf den persischen Sieg des Carus (III. saec.). So heidnisch ist der Ton. — Für das übrige die fünf ἀκροάσεις des Theodosios Diakonos über die Eroberung von Kreta.

II. Eroberungspolitik und Verjüngung des Reichs.

Die äußere Devotion und Kirchlichkeit wurde darüber nicht gemindert, ja wie sich denken läßt, mit Absicht gesteigert. Kostbare Heiligenreliquien strömten nach der Hauptstadt, und Kaiser Basil den Zweiten sah man in der Schlacht in der einen Hand das Schwert halten und in der anderen das Bild der Gottesmutter als Schutzfahne [1]. Es war alte Sitte im byzantinischen Feldlager, daß die Soldaten früh morgens und wieder vor der Nacht das Trisagion sangen als Choral; in der Nacht vor der Schlacht sollte gebetet werden, und der Segen der Priester nicht fehlen [2]. Neben diesen frommen Uebungen sah man aber jetzt eine heidnische Unbefangenheit aufkommen, welche die christliche Devotion nur als eine Tünche erscheinen ließ, die leicht aufgetragen auf den heidnischen Untergrund ebenso leicht wieder abblätterte.

Aus justinianischer Zeit gab es Bestimmungen über die Sonntagsruhe, die der Weltlichkeit noch nicht so feind waren, daß sie nicht für die Feldarbeit der Bauern gewisse Ausnahmen vorgesehen und zugelassen hätten. Aber im Anfang des zehnten Jahrhunderts war man so skrupulös und streng geworden, daß man durch eine Gesetzesnovelle auch jene paar vernünftigen Erleichterungen des Betriebs der Landwirtschaft ohne Rücksicht aufhob [3]. Jetzt wollte es wieder anders werden. Man sieht doch mit Erstaunen, wie Johannes Zimiskes seinen Feldzugsplan gegen die Russen eben darauf gründete, daß er in der Woche vor Ostern die Balkanpässe überschritt in der Überzeugung, daß der Feind während der Feiertage auf keine Bewegung gefaßt sei. Am Karfreitag griff er den Gegner an und am Ostersonntag zog er in das eroberte Prestlav ein [4]. War nun die Religion,

---

[1] Psellos, hist. (Sathas, Μεσαιωνικὴ Βιβλιοθήκη IV) S. 11.
[2] Leon, tact. XI 21 und XIV 1.
[3] Zachariae von Lingenthal, Novellae constitutiones .. post Justinianum coll. 2 nov. 54 Leons über Verschärfung der Sonntagsruhe.
[4] Leon Diak. 130. 138. Im XI. saec. ähnliche Fälle gegen die Normannen in Asien Michael Attal. 123 f. und gegen die Araber vor Messina Kedr. II 523 ff. mit den Bemerkungen von Amari, Musulm. II 394. In scharfem Gegensatz dazu aus dem Anfang des X. Jahrh. der Hinweis auf Ostern als Zeit des Friedens in dem Briefe Romanos' I.

die man von Konstantinopel den Bulgaren gebracht hatte und die binnen kurzem auch die Russen annehmen sollten, nur gut genug für Wilde und Barbaren, um ihnen den Giftzahn auszubrechen? Sonst sprach man wohl von römischer Milde und sah pharisäisch herab auf die Barbaren. Aber in den Kriegen um die Wende des zehnten und elften Jahrhunderts hätte man das für senile Philanthropie gehalten. Die muhammedanische Bevölkerung der zurückeroberten kilikischen Städte wurde einfach zur Auswanderung gezwungen[1]. Als die Wiedereroberung der Insel Kreta mit dem Fall ihrer Hauptstadt vollendet ward, erging sich die siegreiche Soldateska in den furchtbarsten Gräueln; in Konstantinopel erzählte man auf den Strafsen, die Mädchen und Frauen seien niedergesäbelt und in Stücke gehackt worden[2]. Eine entsetzliche Berühmtheit geniefst jener Akt des Bulgarenkriegs unter Basil II., da man sämtliche Gefangene (der Bericht sagt 15000) blenden und nur immer dem hundertsten Mann ein Auge übrig liefs, damit er seinem Zug als Führer dienen könne. So schickte man sie nach Ochrida zu ihrem Fürsten. „Als der Zar sie sah, wurde es ihm finster um die Augen und er stürzte zu Boden". Zwei Tage darnach soll er gestorben sein. Dafs der Treulosigkeit und Wildheit der Barbaren nur mit den gleichen Mitteln zu begegnen sei, diese politische Erfahrung und Lehre der Völkerwanderung haftete tief in den byzantinischen Köpfen. So wertvoll schien es doch, was man von höherer Kultur besafs, zu retten, dafs man zu ihrem Schutz und zur Vernichtung der Feinde jedes Mittel für erlaubt hielt. Nicht die feige Hinterlist oder die verbrecherische Rohheit machen erstaunen, denn darin waren die Barbaren Lehrmeister, sondern die raffinierte Mischung von Wortbruch, Heuchelei und Mord. Der Kommandeur des be-

---

an den übermütigen Bulgaren Symeon im Δελτίον der Historischen und ethnologischen Gesellschaft II 43 unten.

[1] Schlumberger, Nicéphore Phocas p. 498: nous ignorons quelle ville syrienne donna asile à ces fuyards. Ich finde eine Antwort bei dem arabischen Geographen Mukaddasi, sie seien in Banias angesiedelt worden (Ztschr. d. deutschen Palästinavereins VII 153).

[2] Theodosios, akr. V 90. Philopatris 330.

II. Eroberungspolitik und Verjüngung des Reichs.

lagerten Sirmium läſst den byzantinischen General um eine Zusammenkunft bitten: beide treffen sich, nach feierlichen Eiden, jeder nur von drei Dienern begleitet, auf einer Insel in der Sawe. Kaum sind ein paar Worte gewechselt, so zieht der Grieche ein verborgenes Messer heraus und stöſst den Bulgaren nieder [1]. — Erscheinungen dieser besonderen Art, der Virtuosität des Verbrechens, hat das Abendland erst durch die Renaissance recht kennen lernen.

Wie es aber auch zu stand gebracht wurde, unter den drei „groſsen" Kaisern, wie man später Nikephoros Phokas, Johannes Zimiskes und Basil II. nannte, war das Reich wieder eine Macht geworden. Die Eroberung und Neugründung war beschränkter als zur Zeit Justinians im sechsten Jahrhundert und weniger phantastisch ausgreifend. Man ging nicht so sehr auf den Namen und die Blendkraft der Dinge als auf erreichbare Ziele. Von einer Absicht auf Jerusalem oder Rom verlautete nichts. Der Versuch, den Nikephoros unternommen, Sizilien wiederzugewinnen, miſslang und wurde zunächst nicht erneuert; Basil plante es wohl zuletzt, wurde aber durch den Tod verhindert. Er muſste sich mit dem Erfolg gegen den östlichen Islam begnügen. Man nahm es in Byzanz hin, daſs die unsicheren langobardischen Fürstentümer Unteritaliens sich zeitweise als Lehensleute der italienisch-deutschen Krone bekannten; aber der groſse apulische Aufstand wurde bezwungen; sein Führer starb am deutschen Kaiserhof in Bamberg als Emigrant, und dessen Sohn, durch Erfahrungen klug gemacht, wurde (von wenigen Schwankungen abgesehen) ein eifriger Parteigänger der griechischen Politik. Es entsprach dem, daſs auch im Abendlande die ausschweifenden imperialistischen Gedanken der deutschen Krone sich Maſs und Grenze setzten. Kaiser Heinrich II. wagte es auf seinem letzten italienischen Zug doch nicht, dem ottonischen Beispiel zu folgen und tiefer in die griechischen Provinzen einzudringen. Er war zufrieden, die

---

[1] Eine noch schlimmere Sache ist die Überlistung und Blendung des Ibatzes am Tage Mariae Himmelfahrt. Sehr bezeichnend nennt der griechische Historiker diese Geschichte: ἡδὺ καὶ θαυμαστόν. Kedren II 470 ff.

deutschen Ansprüche auf die Langobardenländer zur Anerkennung zu bringen und die Abtei Monte Cassino aus der byzantinischen Umgarnung zu lösen. Es trat eine Beruhigung ein, der Stachel kaiserlicher Rivalität wich dem Bedürfnis und der Einsicht, sich auf näherliegende Aufgaben zu beschränken, fast wie es dem ursprünglichen Sinn der Kompetenzenteilung des Imperium entsprach. Die einen verwirklichten im Westen, die anderen im Osten das Ideal der christlichen Grofsmacht. Auf einem Miniaturbild sieht man Basil II. mit der Lanze, den linken Arm auf ein Beil gestützt (die Waffe seiner Leibgarde), acht Figuren von Hofbeamten in Proskynese zu seinen Füfsen. Der grofse Eindruck, den sein Zeitgenosse Kaiser Otto III. von Byzanz empfing, ist oft geschildert worden. Seine Phantasie war erfüllt von dem Staat und den Ideen des östlichen Kaiserhofes; auch sieht man ihn abgebildet auf dem Thron zwischen Vertretern weltlichen und geistlichen Standes; demütig nahen ihm gekrönte Frauengestalten und bringen Tribute dar, Roma, Gallia, Germania und Sclavinia. Vorstellungen, die in Byzanz ihre Wurzel haben, gleich wie die Proskynese in ihren verschiedenen Graden. Doch sieht man nicht, dafs vor dem deutschen Kaiser sich jemand so weit erniedrigte, den Staub zu küssen.

Wie Basil geschildert wird, herrschen in seinem Wesen die strengen und düsteren Züge vor. Er hinderte die andern nicht am Vergnügen; er selbst hatte keine Freude am kaiserlichen Staat und vernachlässigte sein Äufseres. Gelehrte und Rhetoren mochte er nicht; im Sprechen war er kurz und zerhackte die Sätze. Auf dem Pferd safs er wie gegossen, und keine Jahreszeit war für ihn ein Hindernis, Krieg zu führen. Jenes vorgenannte Bild [1] zeigt ihn umgeben von sechs Heiligen in Medaillons. Man erwarte nicht, als ihr Attribut die Märtyrerpalme zu sehen oder die Bibel. Alle erscheinen mit kriegerischen Abzeichen, im Panzer mit Schild und Lanze.

---

[1] Die Miniatur in einem Psalter der Markusbibliothek ist abgebildet bei Labarte, arts industriels, Album II, pl. 85. Darnach auch bei Schlumberger, Nicéph. Phocas 304 und sonst wiederholt. Das Bild des Münchener Evangeliars Ottos III. bei Janitschek, Gesch. der deutschen Malerei 72 ff.

II. Eroberungspolitik und Verjüngung des Reichs.

Demetrios, Georg, Theodor und so die Andern. Es sind die Soldatenheiligen.

Man hat das griechische Christentum beschuldigt, dafs es die weltlich rührige Kraft ertötet und durch seinen ausgeprägt unmilitärischen Geist der Herrschaft des Islam die Bahn geebnet habe! Wie grofs aber ist Irrtum und Übertreibung in solchen Anklagen, die Konsequenzen aus Theorieen ziehen, statt die Geschichte zu befragen! Wo ist in diesem Jahrhundert der Siege über Bulgaren und Araber die christliche Apathie und ihre unheilvolle Wirkung[1]?

Kaiser Nikephoros ging so weit, dafs er von einer geistlichen Synode den Grundsatz verkündet haben wollte, alle im Krieg gefallenen Soldaten sollten die Ehren der Märtyrer erhalten. So wie sich die Idee im Islam herausgebildet hatte und wie sie nachmals der Grundgedanke der Kreuzzüge ward, so dachte auch er, dem Krieg die Weihe der Religion zu geben. Allein die Geistlichkeit wies seine Zumutung zurück. Man mufs darum nicht glauben, es habe ihr gänzlich an Verständnis für die Welt, den Staat und seine Bedürfnisse gefehlt. Nur das Mönchtum vertrat diese schroffe Weltfeindlichkeit. Wie gesund und unbefangen ist der Grundton der Predigt, die der Patriarch Nikolaus[2] gegen die richtet, die über Glück und Unglück Rechnung führen und in jedem Ungemach, auch wenn es durch Menschen verschuldet ist, den Finger Gottes sehen. Warum, fragt er, waren die Waffen des Kaisers glücklich im Osten und Westen, zu einer Zeit, da dem Photios und seiner Partei in der Kirche das gröfste Unrecht geschah? und warum ging nachher, da die Kirche sich des Friedens erfreute, Syrakus verloren und ganz Sizilien? Nur die Unthätigkeit und das Zögern des Admirals der Flotte liefs das Unglück geschehen, ein Mensch war der Schuldige, nicht der Zorn Gottes. Denn der Mensch kann nicht auf Gottes Hülfe rechnen, so er sich selbst nicht rührt, und man soll nicht wähnen, Gott ins Buch sehen zu können. Dieses ist

---
[1] Diese und die folgenden Bemerkungen sind gegen Renan gerichtet, origines du christianisme VII, bes. c. 32, nach dem Grundsatz amicus Plato.
[2] Nicolai ep. 75.

ein Urteil aus geistlichem Mund. Ähnlich beginnt Kaiser Leon seine Bücher der Taktik mit der Betrachtung, dafs, solang die römische Kriegskunst gepflegt worden sei, auch der göttliche Schutz nicht gefehlt habe, und dafs erst seit ihrem Verfall die Gnade Gottes ausbleibe.

Es ist überflüssig, litterarische Zeugnisse zusammenzusuchen, wo die Thatsachen der Geschichte sprechen. Es hat auch in Byzanz nie an Solchen gefehlt, die ihre Mutlosigkeit und Trägheit mit der Allmacht Gottes entschuldigt haben. Jedenfalls gehört nicht ihnen das Verdienst, wenn das Reich vor gottlosen Heiden und Ungläubigen gerettet wurde.

Neben dem Krieg an der Reichsgrenze war es kein verächtlicher Kampf, den im eigenen Land die zu führen hatten, die gegen historische Romantik und Genufssucht in der Hofuniform und gegen weltflüchtigen Egoismus in der Mönchskutte die glorreichen Überlieferungen des Römerstaats neu belebt haben.

III.
Das Reich im elften Jahrhundert.

Rassenmischung im Reich. — Georg Maniakes. — Die Armee und das militärische Selbstgefühl. — Legitimität und Prätendententum. — Militärverfassung und Agrarverhältnisse. — Der Kampf der Krone mit dem Grofsgrundbesitz. — Asiatische Parteiung. — Aufhören der kriegerischen Politik unter Konstantin IX. — Zivil- und Steuermafsnahmen und ihre politische Tragweite. — Militärische Reaktion. — Überlegenheit der Hauptstadt. — Die Senatspartei und ihr Sieg. — Zerstörung der Armee. — Der Humanist Psellos.

Zwischen dem Aufschwung seit dem zehnten Jahrhundert und dem Verlust reicher und blühender Provinzen, im Westen an die Normannen, im Osten an die Türken, wie ihn in der zweiten Hälfte des elften Jahrhunderts die Annalen des Reichs verzeichnen, liegt eine Zeit, so überreich an Kräften und Bewegung, dafs sie durch ihre Vielgestaltigkeit verwirrt. Die Kaisergeschichte in dieser Zeit ist mehr als einmal geschrieben worden. Auch nachdem unser Wissen sich erweitert hat[1], tragen wir Bedenken, diesen Versuch zu erneuern. Es bleiben zu viele Rätsel übrig, so lange man den engen höfischen und hauptstädtischen Standpunkt nicht verläfst. Selbst die Formen einer so absoluten Regierung, wie man sie in Konstantinopel

---

[1] Nach der Veröffentlichung der Geschichte des Psellos hat Bury eine Revision der Kaisergeschichte gegeben im vierten Band der English historical review.

gewohnt war, können nicht alles in das Gesichtsfeld der Zentrale zwingen. Männer und Institutionen sind auch hier etwas anderes und mehr gewesen als sie in der Hofuniform und in den Augen der Bureaukratie bedeuteten. Der Reichtum der byzantinischen Geschichte an hervorragenden Menschen ist staunenswert. Man mufs sie weniger in der Litteratur suchen, in der mit sehr wenigen Ausnahmen nur mittelmäfsige Köpfe thätig gewesen sind, als im praktischen Leben, unter den Männern der Regierung und Politik, beim Militär, im Klerus. Die Zentralisation einer vorzugsweise städtischen Entwicklung, wie sie aus den Zeiten des Hellenismus altererbt war, verband sich mit dem Einströmen unverbrauchten Barbarentums, um gebildete und zugleich kräftige Persönlichkeiten zu erzeugen. Die tonangebenden Grofsstädte (deren es doch nur wenige im Reiche gab, aufser der Hauptstadt vielleicht nur Salonik und Antiochien) produzieren fast nie bedeutende Köpfe; aber sie konsumieren deren viele und ziehen den ganzen talentvollen Nachwuchs der Provinz an sich. Was wäre das Konstantinopel Justinians gewesen ohne den fetten Nährboden der Provinz? Die Dynastie selbst, die Baumeister der Sophienkirche, die Geschichtschreiber sind Provinzialen aus dem weiten Bereich zwischen der Balkanhalbinsel, dem Toten Meer, den Katarakten des Nil, Karthago und Rom. Das griechische Feuer wurde von einem syrischen Ingenieur erfunden. Als im neunten Jahrhundert Sizilien verloren ging, strömten die gebildeten Stände der Insel zurück ins Reich, zumal in die hellenischen Provinzen. Eben diese Reichsteile, das Land südlich vom Balkan und besonders Kleinasien, waren noch bis in das elfte Jahrhundert guter alter Kulturboden, immer wohlaufgedüngt durch fremde Kolonisten. Auch nach dem Verlust von Syrien und dem Vordrängen des Islam ist keine Abnahme der verfügbaren Kräfte fühlbar, wenn auch nach den Zeiten des Johann von Damaskus die Verbindung dahin abrifs und die dortige griechische Zivilisation sich arabisierte[1]. Im zehnten

---

[1] Doch notiere ich noch einen aus Askalon an der philistäischen Küste gebürtigen Metropoliten von Ikonion, der a. 1078 während der Abdankung Kaiser Michaels VII. eine Rolle spielte. Mich. Attal. 258.

III. Das Reich im elften Jahrhundert.

und elften Jahrhundert spielen die Asiaten die Hauptrolle, und unter ihnen in starkem Prozentsatz die Armenier. Die allmähliche Einverleibung Armeniens in das Reich, der Erfolg einer wohldurchdachten, weit über ein Jahrhundert fortgesetzten Politik, öffnete einer Fülle thatkräftiger Elemente, die in der Eifersucht kleiner Souveränetäten und in der Clanwirtschaft der Gebirge bis dahin ruhmlos sich verthaten, die weite Perspektive des Reichsdienstes. Armenische Namen drängen immer mehr, wie später in der Türkei und in Rufsland, aus den byzantinischen Annalen hervor[1]. Losgerissen von den engen heimatlichen Interessen haben sie sich in den neuen Dienst, der ihr persönliches Emporkommen mit der Reichssache verknüpfte, häufig mit grofser Auszeichnung eingelebt. Eine kleine Episode des Bulgarenkriegs mag die Reichstreue dieses neuen Elements charakterisieren. Ein vornehmer Armenier, griechischer Offizier, gerät in bulgarische Gefangenschaft; die Tochter des Zaren verliebt sich in ihn, und er erhält sie zur Frau. Aber in übereiltem Vertrauen der Bulgaren zum Gouverneur des eben von ihnen eroberten Dyrrhachium gemacht, spinnt er ein Verständnis an mit der griechischen Flotte auf der Rhede vor der Stadt, liefert den kostbaren Platz an sie aus und kehrt mit seiner Frau nach Konstantinopel zurück.

Diese griechische Welt besafs immer noch genug Reiz und Verführung, um den rohen Adel der Barbarenländer an sich zu ziehen und zu zähmen. Als der Bulgarenstaat erlegen war, öffnete man dem Fürstenhause die Thore der Paläste von Konstantinopel. Zahlreiche vornehme Familien findet man in den folgenden Zeiten mit bulgarischem Blut durchsetzt. Die adelstolzen Dukas wie die Komnenen — man mufs wohl sagen: rühmten sich der Verwandtschaft mit den einstigen Zaren von Westbulgarien[2]. Bei einem der ersten türkischen Angriffe

---

[1] Dafs Basilios I., der Gründer der sogen. makedonischen Dynastie, armenischer Herkunft war, kann man als feststehend annehmen. Über Armenier in griechischem Dienst (Anfang des XI. saec.) Wasiljevski im Journal des russischen Ministeriums der Volksaufklärung, B. 216. 1. p. 115 ff.
[2] Nikeph. Bryennios 19. 106. Anna Komnena I 399.

begegnet man einem bulgarischen Prinzen als griechischem Statthalter der oberen Euphratprovinz. Soweit gelang es, die Kraft einer überwundenen Nation dem Sieger nutzbar zu machen. Nicht minder war man längst gewöhnt, arabische Elemente herüberzuziehen; um den Preis der Taufe stand ihnen die ganze Staffel der Ehren frei. Die Familie eines arabischen Emirs von Kreta trat nach der Eroberung der Insel über; ein Sohn focht bereits mit Auszeichnung unter Johann Zimiskes vor Silistria; der Name dieser Familie, Anemas, ist, als ein späterer Nachkomme sich in eine Verschwörung verwickeln liefs, an einem der Türme der Stadtmauer von Konstantinopel, worin er gefangen gesetzt wurde, bis heute haften geblieben[1].

Einen Liberalismus dieser Art mufs man als ein Verdienst hervorheben; an dem Widerstand exklusiver Neigungen hat es in Byzanz nie gefehlt, und um so weniger, als man sich auf die furchtbare Exklusivität des alttestamentlichen Geistes berufen konnte. Man findet die Geschichte des Pinehas als das Muster eines Gott wohlgefälligen Thuns zitiert, jenes jüdischen Priesters, der einen Stammgenossen umbrachte, weil er sich mit einer fremden Frau, einer Midianitin, eingelassen hatte[2].

Noch vermochte das Reich, eine Kosmopolitie zu bleiben; noch konnte es ihre Vorteile nutzen und war stark genug, die fremden Körper sich zu assimilieren und in eigene Kraft umzusetzen. Es ist eine der wichtigsten, wenn auch unbeachteten Thatsachen, dafs diese Kraft vom elften zum zwölften Jahrhundert erlahmte und zurückging.

Vom zehnten zum elften aber waren es die Männer, die aus dieser grofsen Konkurrenz und Züchtung herauswuchsen, welche den Staat auf eine neue, breitere Grundlage stellten. Dieser Anlauf ging fort und steigerte sich bis zur Mitte des elften Jahrhunderts. An der grofsen Gestalt des Maniakes kann man den Höhepunkt und in seinem Endschicksal zugleich den Umschlag der Bewegung studieren.

---

[1] Turm des Anemas, in der Nähe des Blachernenpalastes. Anna Komnena II 161.
[2] Merkwürdige Stelle bei Leon, tact. XV 148, mit Beziehung auf 4. Mos. 25.

III. Das Reich im elften Jahrhundert. 43

Mit den beiden äufsersten Grenzpunkten damaliger byzantinischer Macht ist sein Name wie der eines Herkules verknüpft geblieben. Ein Mann asiatischer Herkunft, der in der Militärlaufbahn emporkam[1]; Edessa jenseits des Euphrat hat er dem Reich wieder erobert und als Hauptbeutestück den berühmten autographen Christusbrief an Abgar, dessen Echtheit erst die Renaissance angriff und zerstörte, nach Konstantinopel geschickt. Die Zitadelle der Stadt Edessa hat noch im zwölften Jahrhundert, als sie dem Vater Nureddins erlag, den Namen „Festung des Maniakes" geführt[2]. Von seiner Residenz Samosat am Euphrat, dem Geburtsort Lukians, wurde Maniakes darnach erst nach Armenien, dann auf den italienischen Kriegsschauplatz versetzt. Wer hätte Syrakus besucht und nicht das Bild von „Castel Maniaci" in der Erinnerung bewahrt, wie es, den Eingang des grofsen Hafens bewachend, an der äufsersten Spitze der Halbinsel Ortygia, der aus Thukydides so hoch berühmten, seine gelben sonnenverbrannten Mauern hinabtaucht in das blaue Jonische Meer[3]. Es gilt der Überlieferung des Volkes als das Monument des letzten grofsen Anlaufs, den die byzantinische Macht nahm, Sizilien dem Islam zu entreifsen. An der Leichtigkeit, mit der dies gelang, kann man sehen, auf wie schwachen Füfsen die arabische Herrschaft dort stand. In einem Augenblick wehten die Fahnen des Maniakes fast über die ganze Insel. Da geschah aber das Verhängnisvolle, dafs dieser glückliche Soldat seines Kommandos enthoben wurde. Es ist hier nicht die Stelle, die Peripetieen seines Lebens, seine

---

[1] Ich weifs nicht, ob Byzantinisten die Bemerkung eines so guten Kenners des Türkischen wie H. Vambéry bekannt geworden ist, dafs Maniak ein Wort türkischer Herkunft sei und „adelig" bedeute. Geschichte Bochara's I 13 f.

[2] Fortsetzung des Matthaeus von Edessa, aus dem armenischen Original von Dulaurier, recueil des hist. des croisades. Documents arméniens p. 158.

[3] Ob Maniakes es wirklich gebaut hat, ist eine andere Frage. Amari II 391. Sein Name haftet daran wie an einem Ort östlich von Traïna noch im XII. saec. Man sehe die Jaubertsche Übersetzung des Edrisi oder besser die neue Teilausgabe, l'Italia descritta .. da Edrisi ed. Amari e Schiaparelli S. 60 (Publikation der Lincei) 1883.

Anfechtungen in der kaiserlichen Gunst zu begleiten. Vom Mifstrauen und Verdacht des Hofes verfolgt, endete er als Rebell und Usurpator. An der Spitze eines sieggewohnten Heeres, zum Kaiser ausgerufen, zog er die via Egnatia von der Adria gen Salonik heran; nochmals gewann er eine Schlacht; aber man fand ihn nachher tot auf dem Siegesfelde; wie ein homerischer Held bedeckte er mit der Länge seines Leibes ein Stück Erde weit über das gewöhnliche Mafs. Niemand wufste, wer ihn gefällt. In unerwartetem Triumph ward sein Kopf auf einer Lanzenspitze nach Konstantinopel gebracht und auf der Zinne des Hippodroms aufgepflanzt[1].

Es war ein Anblick, der zu denken gab, als der Kaiser dem rückkehrenden Heer den Triumph gestattete, und man im Zuge die gefangenen Rebellen sah, gleichfalls römische Soldaten, auf Esel gesetzt, das Gesicht gegen den Schwanz, die Köpfe glatt rasiert und allerlei Schandzeug um den Hals gehängt. Dann wurde der Kopf des Maniakes getragen und Stücke von seiner Rüstung und Kleidung, und endlich folgte unter Vorantritt der kaiserlichen Leibgarde mit ihren Beilen auf der Schulter der Besieger des Maniakes hoch zu Rofs[2].

Sizilien war sofort an die Araber zurückgefallen; ja, auch in Süditalien war die griechische Herrschaft schwer erschüttert durch die Folgen dieser Siege, die mit einer Rebellion endeten. Man kann von hier den Wendepunkt der militärischen Erfolge des Reichs datieren. Nicht als wäre es ein seltsamer Glückswechsel gewesen, den man verzeichnen müfste, ohne eine Erklärung zu wissen: das Mifstrauen und die Mifsgunst des Kaiserhofes gegen

---

[1] Seine Laufbahn erfüllt von der Eroberung von Edessa an die Jahre 1031—43. Quellen sind Kedrenos und Psellos. Die Umstände seines Todes erinnern auffällig an den des Bardas Phokas unter Basil II. Sehr merkwürdig und ein Beweis des grofsen Eindruckes, den Maniakes hinterliefs, sind die hundert von Lambros veröffentlichten Hexameter von unbekanntem Verfasser über den letzten Kampf und den Fall des Usurpators. Hier ist seine Erscheinung völlig ins homerisch-heroische travestiert, wie denn auch die Verse ganz aus Flicken der Iliassprache zusammengesetzt sind. Selbst die χεῖρες ἄαπτοι fehlen nicht. Lambros, ἱστορικὰ μελετήματα (Athen 1884) p. 162 ff.

[2] Psellos 142 f.

III. Das Reich im elften Jahrhundert.

das Militär verdichtete sich von hier ab zu einem Staatsgrundsatz, der für fast ein halbes Jahrhundert eine folgenschwere Herrschaft führen sollte. Die Befestigung der Reichsgrenzen, wie sie seit dem Ende des neunten Jahrhunderts die makedonische Dynastie planmäfsig verfolgte, der Beginn der kriegerischen Ausdehnung, deren erster grofser Triumph die Wiedereroberung der Insel Kreta war (961), konnten nicht anders als den militärischen Geist beleben und das Gewicht der Armee steigern. Würde sich die soldatische Überlieferung gleichmäfsig neben der hauptstädtischen erhalten haben, so würde der Geist und die Tradition byzantinischer Heere lebendiger vor uns stehen und das Selbstgefühl und die Ruhmesgesinnung dieser Kreise deutlicher erkennen lassen [1].

Nicht an das kampflustige Dreinschlagen abendländischer Ritter darf man denken, wenn man dieses Heer würdigen will, sondern an den Drill des altrömischen Exerzierplatzes und die ruhmreiche Vergangenheit eines Heeres, das den Orbis geschaffen hatte. „Nur die Unerfahrenen," sagt Kaiser Leon in den Büchern der Taktik, „glauben, dafs ein Krieg durch die Überzahl und den blinden Schlachtenmut entschieden werde; nächst Gottes Hülfe bedarf es dazu überlegener Kunst, reichlichen Verstandes der Führer und der moralischen Kraft der Truppen." Noch immer (oder bereits, wenn man will) wurde hier das Kriegführen als eine Wissenschaft betrachtet, in deren Dienst nicht nur eine grofse Verwaltungspraxis stand mit kompliziertem Ressort- und Kassenwesen für Ausrüstung und Verpflegung, sondern auch eine Reihe Hülfswissenschaften, die Mechanik für den Artillerie-

---

[1] Das Werk des Manuel über den General Johannes Kurkuas ist verloren. Kedren II 318. Kinnamos im XII. saec. ist wie Prokop ein Schriftsteller aus den Kreisen der Militärverwaltung. Sehr wertvoll ist das von Prof. Wasiljevski in St. Petersburg entdeckte στρατηγικόν des Kekaumenos aus der Moskauer Synodalbibliothek (XI. saec.). Es ist unter dem Titel: Ratschläge und Erzählungen eines byzantinischen Magnaten des XI. Jahrhunderts (russisch) in grofsen Bruchstücken von ihm veröffentlicht im Journal des russischen Ministeriums der Volksaufklärung 1881 mit gutem russischem Kommentar. B. 215. 2. 242 ff., B. 216. 1. 102 ff. und 2. 316 ff. Ich besitze durch die Güte des russischen Gelehrten einen vollständigen Text.

dienst bei Belagerungen, die Medizin, die Meteorologie. Man bewunderte das militärische Genie eines Pyrrhus und Hannibal, wie die gelehrte Kriegführung des jüngeren Scipio und Belisar[1]; dafür aber, dafs Studium und Theorie nicht überwog, sorgte die tägliche Übung und Erfahrung des Kriegs. Die überreiche Auswahl an Feinden des Reichs von den zivilisierteren Arabern an bis zu den rohen Barbaren der Nordgrenze verschaffte Gelegenheit und Nötigung zu einer unausgesetzten Beobachtung. Es entwickelte sich daraus eine militärische Erfahrung und Schlagfertigkeit, in der sich die immer neuangeregte Erfindungskraft menschlicher Natur mit den Lehren der Schule glücklich verband. Die grofsen militärischen Erfolge, von denen so viele Jahrhunderte zeugen, würden sonst nicht erklärlich sein. Dieses Heer, in dem anhaltend mit klassischen Reminiszenzen der Patriotismus geweckt und genährt ward, empfand sich als ein grofser Faktor im Reich. Selbst ein Schriftsteller, dem das ganze Militärwesen von Grund unsympathisch war, mufs sich die Phrase entschlüpfen lassen: die Armee sei der Nerv des Staates[2]. In einem Gesetz des zehnten Jahrhunderts liest man noch einmal von den „heiligen Legionen". Es war keine Soldateska, die um Gewinn und Beute zusammenstand; „das Reich," sagte Kaiser Leon, „führt nur Krieg um seines Ruhmes und seiner Ehre willen, für das Wohl und die Freiheit seiner Unterthanen[3]." Man kann das Erstaunen eines Hauptstädters zwischen den Zeilen lesen, der als Regierungsgesandter in das Lager eines rebellierenden Heeres geschickt, statt eines

---

[1] Kekaumenos (Wasiljevski) c. 43.
[2] Psellos 58: τὰ νεῦρα (Sehnen) ‘Ρωμαίων, τὸν στρατόν.
[3] Leon, Takt. XV 39. Die anderen Stellen, die ich im Text benutzt habe, stehen XII 3. XVIII 16 ff. und im Epilog 53 ff. Dieses interessante Werk hat Meursius 1612 drucken lassen (leider nicht auf der besten handschriftlichen Grundlage) mit einer Widmung an die Generalstaaten in Würdigung der hohen Verdienste Moritzens von Nassau um die Kriegskunst. Die oft sehr willkürliche lateinische Übersetzung rührt von einem englischen Gelehrten des XVI. saec. her. Selbst wenn die Zweifel Zachariaes von Lingenthal sich bewähren sollten, und die Bücher der Taktik statt Leon VI. dem älteren, isaurischen Leon zugewiesen würden, so blieben immer noch Anhaltspunkte genug, die für eine Bearbeitung durch Leon VI. sprechen.

III. Das Reich im elften Jahrhundert. 47

disziplinlosen Pöbels, den er von Konstantinopel kannte und sich hier ebenfalls erwarten mochte, die gröfste Ordnung und Stille fand, die Soldaten in ihren Waffen, die Füfse zusammengeschlossen in Reih und Glied. Als das Zelt geöffnet und der Kaiser, den sich das Heer erkoren hatte, auf dem Throne sichtbar ward, erscholl das Hurra der Soldaten, auch dieses nicht als wüstes Geschrei, sondern ein Glied gab das Stichwort dem andern, bis die hinterste Reihe die Akklamation beendete[1].

Wie wenig hören wir aus den Kreisen, die sich mit Litteratur beschäftigt und Geschichte geschrieben haben, von den Lieblingsfiguren der Soldaten, den Helden der Lagerfeuererzählungen, wie jener Kekaumenos Katakalon, der, ein Armenier von Ursprung und geringer Herkunft, durch seine Tüchtigkeit emporgekommen war und es bis zum Rang des Kuropalaten brachte! Es gab vom zweiten Drittel des elften Jahrhunderts ab keinen Kriegsschauplatz, auf dem er nicht gefochten, soweit der byzantinische Orbis reichte. In Messina als Offizier einer armenischen Division gegen die Araber, am Schwarzen Meer und an der Donaumündung gegen Petschenegen, im armenischen Hochland gegen die Türken. Er verstand sich auf den Krieg, und wenn eine Unternehmung fehlschlug, so lag in den Augen der Soldaten immer die Schuld am Kriegsrat, der nicht auf Kekaumenos gehört hatte. Die Statthalterschaft von Iberien (westlich vom Kaspischen Meer am Südfufse des Kaukasus) hat er verwaltet und die des syrischen Antiochien. Die Feinde des Reichs kannten seinen Namen und sein Gesicht. Ein Petschenege, der ihn einmal auf dem Kampffeld für tot gefunden, erkannte ihn und rettete ihm grofsmütig das Leben; die zwei Wunden, im Gesicht und am Hals, die er bei der Gelegenheit davongetragen, findet man genau beschrieben: so sehr beschäftigte er das Interesse und die Gespräche der Soldaten[2].

---

[1] Die $εὐφημία$. Psellos 220 f.
[2] Die Biographie dieses Kekaumenos mufs man aus Kedrenos zusammensuchen. Auch Psellos hat einiges. Mit dem Autor des mehrfach von mir angeführten Strategikon scheint er nicht zusammenzuhängen, geschweige denn identisch zu sein. Wasiljevski a. a. O. B. 215. 2. p. 249 und B. 216. 1. p. 118 ff.

III. Das Reich im elften Jahrhundert.

Es wäre zu erstaunen, wenn diese Mächte, die sehr wohl wußten, daß sie mit ihrem Schweiß und Blut die Ruhe und den Genuß des Lebens, den das Reich und die Hauptstadt hatten, bezahlten, — wenn diese Mächte nicht versucht hätten, die Reichspolitik zu beeinflussen oder nötigenfalls selbst zu machen. Die Eifersucht der Armee gegen das Zivil, das in der Hauptstadt über die Kaisernachfolge verfügte, kam wie ein lang verhaltener Groll bei der Erhebung des Gegenkaisers Isaak Komnenos zu Tage. Eben jenen Kekaumenos findet man aufs lebhafteste dabei beteiligt; er war den Herrn am Hof ein Dorn im Auge. Bei einem Empfang der Generale durch den kürzlich erhobenen Kaiser Michael VI. ergoß sich über Kekaumenos eine erbitterte Anklagerede des Kaisers. Es war eine peinliche Scene. Als die anderen Offiziere für ihren hochgestellten Kameraden das Wort ergreifen wollten, gebot ihnen der Kaiser, still zu schweigen. Die Antwort blieb aber nicht aus; sie kam von einem andern Ort und sehr vernehmlich, mit der Rebellion der asiatischen Korps und der Proklamation des Isaak Komnenos als Gegenkaiser. Nicht eine Usurpation gegen die rechtmäßige Regierung in Konstantinopel (fand man in der Armee) sollte das sein, sondern die Herstellung einer wahren, auf die Armee gestützten Kaisergewalt gegen die Anmaßung des Zivil in der Hauptstadt [1]. Auf den neuen Goldmünzen ließ sich Isaak Komnenos mit dem bloßen Schwert in der Faust darstellen, nicht mit der Kirchenfahne [2]. Dabei war er weit entfernt von dem kurzsichtigen Gelüst, Rache üben zu wollen und das Gemeinwesen seinen Soldaten als Beute auszuliefern. Das Militär hielt er fest in der Disziplin und duldete keine

---

[1] Psellos in der Grabrede auf den Patriarchen Kaerularios (Sathas IV 361 ff.): οὐχὶ τυραννεῖν, ὡς ᾤοντο, εἵλοντο, ἀλλ' ἀντιβασιλεύειν τοῖς τυραννεύουσι, wirklich sehr pointiert und vortrefflich ausgedrückt. Eine andere Stelle hist. 212: ἐβούλοιτο.... τὴν πολιτικὴν (hauptstädtisch = zivil) καταλύσαι τῆς βασιλείας διαδοχήν.

[2] Sabatier, descr. générale des monnaies byzant. II, pl. 49, Nr. 17. Skylitzes 641 spricht davon, und Zonaras (Dindorf) IV 191, der aus dem Schatze seiner Privatansichten der Sache eine religionsfeindliche Auslegung giebt.

Ausschreitung. Aber auch so konnte sein Regiment sich nicht halten. Der Versuch war verfrüht; er mifslang und schärfte die Heftigkeit einer Reaktion, die, lang vorbereitet, endlich das Heft an sich rifs. Die grofsen Parteiungen und Gegensätze im Staat, die also mit einander rangen, sind nicht mit wenigen Schlagworten und Bezeichnungen zu erschöpfen. Es kreuzen sich hier in verwickelter und merkwürdiger Weise politische, ständisch-wirtschaftliche und landschaftliche Interessen. Es ist keine leichte Aufgabe, sich den Zustand und die Kräfte, die ihn herbeigeführt hatten, deutlich zu machen.

Im zehnten Jahrhundert hatte es den Anschein, als wollte sich neben dem Kaisertum ein Sultanat oder Hausmeiertum erheben. Romanos I. Lakapenos war der wahre Herr und Kaiser neben Kaiser Konstantin VII.; Nikephoros Phokas und Johann Zimiskes waren Kaiser und Vormünder der jungen Kronprinzen Basil und Konstantin. Es ist kein Zweifel, dafs Bardas Skleros und Bardas Phokas dieselbe Stellung unter Basil II. anstrebten; durch jahrelange Empörungen, die das Reich in zwei Hälften zerrissen, haben sie den Thronerben zu terrorisieren gesucht. Dafs der Sieg schliefslich auf seiten der Dynastie blieb, ist das Verdienst Basils II., der dem Kaisertum das militärische Prestige zurück- und damit seinen Nebenbuhlern den Wind abgewann. In ihm erstand wieder ein Kaiser, der selbst ins Feld zog und aus eigener Anschauung sein Reich kannte vom Kaukasus bis nach Phönizien. Unverkennbar aber hatte er die gewichtigste Förderung gefunden im Gedanken der Legitimität, der in der öffentlichen Stimmung einen breiten Boden besafs. Jene vorgenannten Männer, die im zehnten Jahrhundert durch ihren Ruhm das Kaisertum verdunkelten, würden sich nicht im Recht geglaubt haben, wenn sie nicht durch Familienverbindung mit der Dynastie sich gleichsam unter das Obdach des anerkannten Rechts geflüchtet hätten. Romanos I wurde Schwiegervater Konstantins VII [1]. Phokas heiratete die Witwe Romanos' II,

---
[1] Mit dem Titel βασιλεοπάτωρ, der zum erstenmal von Leon an seinen Schwiegervater Stylian verliehen war a. 894 (de Boor, vita

III. Das Reich im elften Jahrhundert.

und daſs dieselbe dann auf den Mörder und Nachfolger des Phokas, Johannes Zimiskes, überging, wurde nur durch die besonderen Umstände dieses Thronwechsels verhindert. Nicht anders war es im elften Jahrhundert. Nach dem Aussterben des Mannsstamms der makedonischen Dynastie vergab die eine der beiden überlebenden Prinzessinnen dreimal mit ihrer Hand den Thron, und es hat etwas widerwärtiges, sie wie ein Stück der Insignien der Kaisergewalt von Hand zu Hand und von Bett zu Bett gehen zu sehen. Ein Regent war ihr Adoptivsohn, und ein anderer ward von ihrer Schwester ernannt, mit der das Haus erlosch. So groſs war das Ansehen des Geburtsrechts seit dem zehnten Jahrhundert geworden[1]. Als einer dieser Regenten gegen die angestammte Kaiserin einen Gewaltstreich wagte und sie als Nonne einkleiden und auf eine der Prinzeninseln verbannen lieſs, war die Anhänglichkeit der hauptstädtischen Bevölkerung an das makedonische Haus so groſs, daſs es gelang, sie zum Aufstand zu treiben. Die Aufregung und die Teilnahme für die Kaiserin griff durch alle Schichten der Bevölkerung bis zu den Fremden. Es gab eine groſse Ansammlung vor dem Schloſs, und die Verbannte muſste eilends zurückgeholt werden[2]. Fast noch merkwürdiger als diese Thatsache selbst ist ihre Beurteilung in späteren Jahren, als eine Dynastie von gestern den Thron einnahm, deren Herrscher neben der fast zweihundertjährigen Regierung des makedonischen Hauses als Emporkömmlinge zu betrachten waren. Jenes Attentat gegen eine legitime Herrscherin wird als etwas so ungeheuerliches bezeichnet, daſs nur ·ein göttliches Strafgericht Genugthuung geben konnte. Man kann an diesem Urteil sehen, wie sehr die neue Dynastie der Dukas diese Töne liebte. Durch Übertreibung

---

Euthymii 96). Daſs die Würde des Atabeken, berühmt durch Zenki und sein Haus, eine arabische Nachahmung ist, hat schon Reiske bemerkt im Kommentar der caerim. (Bonn. II 833).

[1] Richtig bei Rambaud, l'empire grec au dixième siècle, p. 23 ff.
[2] In Wahrheit diente der Aufstand ganz andern Zwecken. Die Anhänger der Theodora hatten ihn inszeniert, wie aus Psellos 90 ff. deutlich hervorgeht. Kekaumenos c. 250 nennt das Attentat gegen Zoë als πρόφασις.

III. Das Reich im elften Jahrhundert. 51

des Phantoms von Legitimität glaubt man von hier ab um so
eher dem Besitz der Macht den Respekt des Unantastbaren zu
verschaffen. Die unmöglichsten Stammbäume zu ersinnen,
wurde den Genealogen von Konstantinopel möglich. Von den
Dukas hört man nach einer Weile ganz wie von der voran-
gegangenen Dynastie behaupten, dafs sie aus dem Blut Konstantins des Grofsen seien. Von den vielen offiziellen Lügen und
Fiktionen, die zum Nimbus dieser alten Monarchie gehörten,
war die von der Kontinuität des Rechts eine der auffälligsten.
Als Kaiser Michael Dukas angesichts der glücklichen
Usurpation des Nikephoros Botaniates abdankte und sich zum
Geistlichen scheren liefs, verstand es sich von selbst, dafs der
neue Kaiser eine Heirat einging, die seine Erbschaft legitimierte.
Er hatte die Wahl zwischen der Frau des gestürzten Kaisers
und deren Schwiegermutter, der man nachsagte, dafs sie gern
mit dem dritten Gemahl Kaiserin geworden wäre[1]. Aber
Nikephoros, obwohl ein alter Herr, entschied sich für die
jüngere, deren Schönheit über die Werke des „Apelles und
Phidias" erhoben wird. Es gab wieder eine Szene mehr für
die Skandalchronik der Hauptstadt. Die bisherige Kaiserin
war mit nichten verwitwet, da ihr Mann zwar gestürzt und
geistlich geworden, aber keineswegs gestorben war; der jetzige
Kaiser aber, ihr Verlobter, war noch mit einer anderen, lebenden, in zweiter Ehe vermählt. Als dieses sonderbare Braut-
paar vor der Thür der Sophienkirche erschien, zauderte der
Geistliche doch, sie zu empfangen; er hätte sich am Frevel des
Ehebruchs und der Trigamie mitbeteiligt[2]. Man mufste eilends
einen anderen, weniger skrupulösen Priester beschaffen, um die
„heilige" Handlung der Trauung zu vollziehen.

Die Legitimität, notwendig, um die Krone in unangreifbarer
Höhe zu halten, war doch im Grund nur ein Possenspiel, das
keinen ehrgeizigen Marschall des Reiches hinderte, seine Hand
nach der Krone auszustrecken. Mit der Legitimierung hatte es,

---
[1] Eudokia war Witwe Konstantins X. Dukas und hatte als zweiten
Mann Kaiser Romanos IV.
[2] Nikeph. Bryennios 126 f. Auch Anna Komnena I 140. Der
τρίτος γάμος war überhaupt anstöfsig seit dem τόμος von 920.

wie man sieht, keinen Anstand. Sie war zu erreichen, wofern im übrigen dem Prätendenten Macht und reichliche Mittel zur Seite standen. So schien es also dahin zu kommen, dafs es thatsächlich zwei Wege zur Herrschaft gab. Neben die Regierungsnachfolge, die in der Hauptstadt in den Formen des Rechts sich vollzog, trat die Erhebung in der Provinz an der Spitze eines selbstbewufsten Heeres mit den Umständen eines Pronunziamento. Immer war es eine Machtfrage, welche von beiden Gewalten den entscheidenden Ausschlag gab. Es ist versucht worden, auch die geistlichen Strafen und Drohungen gegen Usurpatoren mobil zu machen zum Schutz der legitimen Regierung; unter dem Patriarchen Alexios (1026) erreichte man einen Synodalbeschlufs, der Anathema rief über jeden Rebellen und jeden Priester exkommunizierte, der solche zur Kommunion zuliefs[1]. Aber auch an tiefanfassenden Versuchen, die Nachfolge zu sichern und Revolutionen schwierig zu machen, hat es nicht gefehlt. Sie hängen zusammen mit den merkwürdigsten Anläufen der Reichsgesetzgebung und öffnen einen Blick auf die wirtschaftlichen Zustände des Landes.

Im Jahre 927[2] lenkte eine Hungersnot im Reich die Aufmerksamkeit der Regierung auf den landwirtschaftlichen Notstand[3]. Die Zunahme des Proletariats durch die Verarmung des Bauernstands war schon früher bemerkt worden, und man hatte geglaubt, durch Beschränkungen der liberalen Gesetz-

---

[1] Zachariae, Novellae constitutiones, coll. tertia Nr. 31 (jus Graeco-Romanum III).

[2] Über das Datum Zachariae von Lingenthal, Gesch. des griech.-röm. Rechts [3], 259, Anm. 855.

[3] Für die folgende Darstellung sind die unmittelbaren Quellen unseres Wissens, die Novellen (bei Zachariae, collatio tertia) zu Grunde gelegt. Man erkennt leicht, dafs sie nicht ganz vollständig erhalten sind. Russische Arbeiten über diese Verhältnisse von den Gelehrten Wasiljevski in St. Petersburg und Th. Uspenski in Odessa sind verzeichnet bei Pastrnek, Bibliogr. Übersicht über die slavische Philologie S. 362. Gfrörer, Byzant. Geschichten, B. III, das erste und dritte Kapitel mit den bekannten Vorzügen und Fehlern dieses Autors. Ich habe hier wie meist ausdrückliche Polemik unterlassen.

III. Das Reich im elften Jahrhundert.

gebung über die Veräufserungsfreiheit den Grundbesitz der Bauerndörfer erhalten zu können. Die eigentlichen Hülfsquellen des Reiches waren, auch wenn die Erträge der Zölle und des Handels überhaupt, der Staatsfabriken und Monopole nicht übersehen werden, die Steuern und Lasten, die der Grundbesitz trug. Der grofsen Bedeutung der Landwirtschaft für den Staatshaushalt war man sich sehr wohl bewufst[1]. Unter Romanos I. kam es zu einem grofsen Schritt; die Motivierungen des Gesetzes, das erlassen wurde, haben etwas Feierliches und Entschlossenes. Nach dem Vorbild Gottes wolle sich der Kaiser der Bedrückten annehmen und aus Sorge für das allgemeine Wohl den M ä c h t i g e n entgegentreten, die ein Krebsschaden geworden seien für den Staat; die Zunahme des Grofsgrundbesitzes zerrütte die Finanzen. Das Schwert der Gesetzgebung müsse gezückt werden gegen die inneren Feinde; denn der Schutz der Unterthanen gegen tyrannische Bedrückung sei nicht mindere Pflicht, als die Herstellung und Festigung der Reichsgrenzen. Dem früheren Versuch, die Bauerngüter durch Einschränkung der Veräufserungsfreiheit zu schützen[2], tritt jetzt ein Verbot zur Seite, solches Gut, unter welchem Rechtstitel immer, zu erwerben. Von einem gewissen zurückliegenden Normaljahr an — eben dem Jahr jener Hungersnot — sollen alle derartigen Neuerwerbungen nichtig sein und zurückfallen an die alten Eigentümer, inskünftige sogar ohne Entschädigung, auch nicht für Meliorationen, die auf solchem ungesetzlich besessenen Gut geschehen sind. Man würde erstaunt fragen, welches grofse Interesse der Staat in der Erhaltung der Kleinwirtschaft und ihrem Schutz vor der Aufsaugung durch grofse Komplexe zu vertreten hatte, wüfste man nicht, dafs der Stand der kleinen

---

[1] Über die Schätzung der Landwirtschaft z. B. Leon, Taktika XI 11 = XX 209 und die Einleitung der Geoponika.

[2] Für dieses Gesetz hat Zachariae, Gesch. des gr.-röm. Rechts³, § 59 den Standpunkt der Steuerverwaltung in den Vordergrund gerückt, wonach die $προτίμησις$ die Entschädigung gewesen sei für die Last der $ἐπιβολή$. Ich will mich hüten, einem solchen Kenner zu widersprechen. Doch mögen verschiedene Absichten gleichzeitig den Gesetzgeber geleitet haben.

Grundbesitzer einen Beruf in sich schloſs, der dem Staate alles eher als gleichgültig war. Der ganze Status der Militärverfassung wurde von dieser Frage berührt. Der militärische Dienst ruhte als Last auf verliehenem Grundbesitz, der nach dem Vorbild der römischen Limitanverfassung in ein militärisches Grundbuch eingetragen und unveräuſserlich war[1]. Die Erhaltung dieser Soldatengüter war eine anhaltende Sorge der Regierung. Man findet alle möglichen Vorkehrungen, um von diesen Gütern jeden Versuch der Immunisierung fernzuhalten. Wenn der Inhaber einen Mord begeht, soll auf seine Erben die Militärpflicht übergehen. Wird ein Militärgut vakant, so sollen womöglich verarmte Soldaten, die bis dahin nur genossenschaftlich einen gerüsteten Mann gestellt haben, in den Besitz gesetzt werden. In Grenzbezirken begegnet eine Prämie für gefangene Sarazenen, die zum Christentum übertreten und in ein solches Haus heiraten: man erlieſs ihnen auf drei Jahre gewisse Steuern[2]. Will man sich erklären, wie trotz allen gesetzlichen Hindernissen die Zahl und trotz dem vorgeschriebenen Mindestmaſs der Umfang dieser Güter zurückging, so muſs man sich vergegenwärtigen, wer jene „Mächtigen" waren, die „statt für die Armen zu sorgen, sie verschlangen"[3]. Nicht daſs sie die Reichen waren, machte sie so gefährlich, sondern daſs sie zugleich die Einfluſsreichen waren. Die Klasse der Groſsgrundbesitzer war zugleich die der hohen Beamten, der

---

[1] Die $στρατιωτικοὶ κώδικες$ in nov. 8, c. 1, Zachariae, Novellae const. p. 262. Die neuere Forschung ist nach dem Vorgange der russischen geneigt, in der bäuerlichen Dorfverfassung des Reiches die Wirkung der slavischen Einwanderung zu sehen. Zachariae von Lingenthal, Gesch.³, S. 254 und Bury, a history of the later Roman empire II 419 ff. teilen diese Meinung. Doch reicht diese Theorie nicht aus, die asiatischen Verhältnisse zu erklären.

[2] de caerim. 694 u. 698.

[3] $δυνατοί$ = potentes, potentiores, die in frühbyzantinischen und fränkischen Gesetzen vorkommen. Brunner, Deutsche Rechtsgeschichte I 205 ff. Der Umkreis der $δυνατοί$ wird definiert nov. 5, c. 1 (p. 246). Später werden dazu innerhalb des Militärs auch untere Offiziersgrade gerechnet. Nov. 29, c. 1 (p. 310 f.). Auf slavischem Boden sind die $δυνατοί$ die Boljaren.

weltlichen und geistlichen Würdenträger; mit dem natürlichen Übergewicht des Grofsbetriebs in der wirtschaftlichen Konkurrenz verbanden sie die ganze Gewalt einer politischen und sozialen Stellung. Und mit all diesem Druck nicht genug. In der älteren Militärlitteratur liest man, zu Offizieren der Armee sollten vermögliche Leute genommen werden, „damit sie den Soldaten etwas spendieren können". Die „vermöglichen" Leute in den höheren Kommandostellen waren wiederum Grundbesitzer, die häufig, statt zu spendieren, die Macht des militärischen Vorgesetzten mifsbrauchend, den Untergebenen ihr Land abnahmen und sie dafür militärfrei machten. „Räuberischer als Wölfe", um die Worte eines Gesetzes zu wiederholen, „erbärmlicher als Ameisen, pressen sie die Unterthanen aus, statt den Feind zu brandschatzen."

Welche Zustände und welche Prozefswirtschaft nun aber als die Folge der neuen gesetzlichen Mafsnahmen und Verfügungen eintrat, ist leicht abzusehen[1]. Bei der grofsen Verschiedenheit der vorkommenden Fälle konnte doch die Entschädigung der zeitweiligen Besitzer nicht so radikal abgelehnt werden, wie zuerst die Angelegenheit übers Knie gebrochen war. Welche Fülle ungesetzlicher Pressionsmittel stand nicht einflufsreichen Personen zur Seite, um eine Besitzanfechtung hintanzuhalten; wenn aber der Verjährungstermin mit welchen Manipulationen immer erreicht war, konnte dann noch einer Klage stattgegeben werden? Hundert andre Verwicklungen nicht zu erwähnen! Der Ausführungsbestimmungen und Ergänzungsgesetze wurde kein Ende. Die Regierung hatte sich vor ihren eigenen Beamten zu schützen, da auch der Fiskus, um sich seine Gefälle zu sichern, von den privilegiertern Gütern an sich gezogen hatte. Ein Gesetz nennt eine solche Prozedur schlimmer, als was die Bären thun, „von denen es heifst, dafs sie im Hunger ihre eigenen Pfoten anbeifsen". Die Soldaten aber, fährt das Gesetz fort, sind mehr als blofs die Finger, sie

---

[1] Von solchen Prozessen handelt die Πεῖρα, eine Sammlung von Rechtsfällen aus dem XI. saec. unter Titel 9 (Zachariae, jus Graeco-Rom. I).

sind die Hände des Staates. „Und eine solche Ungerechtigkeit, die man über Land und Meer vertreiben müfste, sollte man dem Fiskus nachsehen!"[1] Gleichzeitig findet man, dafs für die Armen die Gerichtskosten und Sporteln herabgesetzt werden, um ihnen die Verfolgung ihres Rechtes zu erleichtern.

Diese Gesetzgebung wirkte fort und war längst von der Verfolgung auf dem Zivilweg, die sie gewährte, zu Strafbestimmungen gegen die ungesetzliche Erwerbung bevorrechteten Grundbesitzes vorgeschritten, als Kaiser Nikephoros Phokas auf den Thron kam. Er gehörte selbst jener bekämpften Aristokratie an, und seiner Verdienste um das Militär ist bereits gedacht worden. Indem er die Grundzüge der Restaurationspolitik, soweit sie die Erhaltung des Soldatenstandes bezweckte, billigte, gab er ihr doch eine ganz neue Wendung. Als das Wichtigste will uns zunächst erscheinen, dafs er mit Rücksicht auf die erhöhten Ansprüche an die militärische Rüstung und Leistung das Wertmafs der Soldatengüter um nicht weniger als das Dreifache erhöhte[2]. Ich glaube mich nicht zu täuschen, wenn ich hierin die Auffassung und Absicht erblicke, eine Restauration des kleineren Grundbesitzes als erfolglos und unnötig aufzugeben. Die Haltung des Kaisers gegen die Klasse, aus der er selbst hervorgegangen war, ist von vorn herein deutlich genug in der Einleitung seines Agrargesetzes ausgesprochen, durch die er zu verstehen giebt, es sei nun genug des sozialen Ausgleichs und an der Zeit, die Reichen gegen die ungerechte Begünstigung der Armen zu schützen. Dem Grofsgrundbesitz zuliebe annullierte er eine Reihe von Hemmungen der bisherigen Gesetzgebung und gab ihm die Freiheit der wirtschaftlichen Bewegung zurück; eine Menge Anfechtungen und Chikanen schlug er einfach damit nieder, dafs er für verjährten Besitz, wenn er auf „gutgläubiger" Erwerbung vor dem Termin Romanos' I. beruhte, die früher erfolgten Einreden für unwirksam erklärte. Im Punkt der

---

[1] nov. 8, c. 1 (264).
[2] nov. 22, c. 2, wozu die lehrreichen Bemerkungen über die Ersetzung des Fufsdienstes durch den Reiterdienst in fränkischer Zeit nachzulesen sind bei Brunner, Deutsche Rechtsgeschichte II, 207 ff.

III. Das Reich im elften Jahrhundert. 57

Meliorationen trat er, wie zu erwarten, nicht minder für den Stand ein, der bis dahin die Zielscheibe der Gesetzgebung gewesen war. Wenn Nikephoros somit gleichzeitig die militärischen Ansprüche an den Grundbesitz erhöhte, den bisherigen Weg der Revindikation gegen den Grofsbesitz aber zuschlofs und dieser Klasse die Rechtssicherheit zurückgab, womit gedachte er dann verfügbaren Boden zu beschaffen, um dem Soldatengut eine wirtschaftliche Stärkung zu ermöglichen? Von hier aus wird wohl der grofse Anlauf dieser Regierung gegen den geistlichen Grundbesitz verständlich. Die Zunahme der Güter der toten Hand war längst eine Kalamität. Es war zu häufig, dafs geistliche Stiftungen entweder nicht die Mittel und Arbeitskräfte besafsen, um ihr Land zu bewirtschaften, oder auch die Weide gewinnbringender fanden, als den Ackerbau. Weite Strecken solchen Eigentums sah man brach liegen. Es zur Veräufserung zu bringen, wäre nach dem Gesetz für geistliches Gut unmöglich gewesen. Man ging in Byzanz nicht so weit vor, wie im Abendland, wo Karl Martell für die militärischen Bedürfnisse das Kirchengut einfach säkularisierte, ein Verfahren, das in dem Baiern des zehnten Jahrhunderts zur Zeit der Ungarneinfälle wiederholt ward: aber man verbot neue Klostergründungen und überhaupt jede Landerwerbung durch geistliche Personen. Fortan sollte Grundbesitz nur an Laien übertragen werden können.

Wäre den Plänen des Nikephoros Phokas in ihrer Gesamtheit eine längere Wirksamkeit beschieden gewesen, so hätte die Verfassung des Reiches leicht eine andere Entwicklung genommen. Die militärische Aristokratie, solchermafsen gefestigt und dominierend, würde sicher die absolute Gewalt der Monarchie geschmälert haben. Aber es war auch hier dafür gesorgt, dafs die Bäume nicht in den Himmel wuchsen.

Basil II. wuchs heran unter der Vormundschaft zweier Kaiser, die die Mandatare jener Aristokratie waren. Kaum begann er selbst zu regieren und zeigte die ersten Äufserungen eines selbständigen Willens, als er sich der Opposition dieser Interessen gegenüber sah. Der Kampf brach offen aus, und Jahre lang erkannte Kleinasien einen Gegenkaiser an, der in den

Augen der Landaristokratie der würdigere Nachfolger eines Phokas und Zimiskes war, als Basil II. Gegen alle zugleich aber war es unmöglich zu streiten. Basil widerrief nach kaum einem Vierteljahrhundert das Gesetz gegen die Mehrung des geistlichen Grundbesitzes, nicht aus Freundschaft für die Kirche, der er noch genug zu schaffen machte, sondern unter dem Zwang der Umstände. Als er endlich Herr wurde über die Rebellen, lenkte er völlig in die Bahn seines Urgrofsvaters Romanos' I. zurück. Die Sprache seiner Gesetzesnovelle vom Jahr 996 ist von einer unerhörten Heftigkeit; es sind nicht die Mafsnahmen eines Regenten, der über den Parteien steht, sondern Triumphäufserungen eines Siegers, der dem niedergeworfenen Gegner das Messer an den Hals setzt. Die Erleichterungen, welche auch nach der Promulgation des ersten Gesetzes Romanos' I. und gegen dessen Willensmeinung eine Eigentumsersitzung ermöglicht haben, werden rückgängig gemacht und die Herausgabe so erworbenen Besitzes angeordnet; Erwerbungen, die vor dem Normaljahr geschehen sind, wird die Beweislast für die Wohlthat dieser Zeitgrenze zugeschoben und die Produktion der originalen Erwerbungstitel zur Pflicht gemacht (Dokumente von Rechtsgeschäften, die über zwei Menschenalter zurücklagen!). Umwege, die sich der Grofsbesitz früher zu seiner Vergröfserung ersonnen hatte, nämlich Bauerngut erst zu geistlichem Gut zu machen, um es vor Anfechtung zu schützen, und dann sich übertragen zu lassen, werden gesperrt[1]! Mit nackten Worten wird ausgesprochen, dafs das Staatsinteresse erfordere, die Ansammlung der grofsen Vermögen in Grundbesitz und zumal ihre Dauer durch Vererbung zu zerstören.

Schon von Kaiser Johannes Zimiskes wird erzählt, dafs er auf dem Marsch durch die prachtvollen Ebenen des noch nicht lange zurückgewonnenen Kilikiens, als man ihm sagte, all dieser fruchtbare Boden sei in eine einzige Hand gekommen, die Bemerkung nicht unterdrückte: es sei schlimm, dafs nur so wenigen die Früchte der grofsen Leistungen der Armee und des Militärbudgets zu gut kämen. Eben der Herr all dieser Güter, der

---

[1] nov. 29, c. 3.

III. Das Reich im elften Jahrhundert.

die rechte Hand des Phokas war und sich unter Zimiskes, ja lange Jahre hindurch unter Basil II. zu behaupten wußte, wurde endlich von diesem gestürzt; darnach wurde nicht nur sein Vermögen konfisziert, sondern sogar die reichen geistlichen Stiftungen, die er gemacht, so gründlich beschnitten, daß es das größte Aufsehen erregte [1]. In Kappadokien begegnet man einem Großgrundbesitzer, der im Stand war, Basil II. mit seiner ganzen Armee, die eben aus Syrien zurückkam, allein ins Quartier zu nehmen und reichlich zu verpflegen. Es machte auf den Kaiser einen solchen Eindruck, daß er den Mann nach Konstantinopel einlud und in großer Freundlichkeit nicht mehr aus seinen Augen und aus der Hauptstadt fortließ; der ganze Besitz wurde bei Gelegenheit an den Staat gezogen. Nach diesem System verfuhr der Kaiser mehr als einmal, wenn er auf seinen Reisen durch die Provinzen die Bekanntschaft eines Mannes machte, dessen Reichtum ihm gefährlich für den Staat und verderblich für die Nachbarschaft erschien. Einem Emporkömmling, der zu Amt und Würden gekommen, sein ganzes Heimatdorf auskaufte und zu seinem Privateigentum machte, so daß selbst der alte Name des Dorfes verschwand [2], ließ Basil die ganze Herrlichkeit seiner Villa niederreißen und den Boden wieder an die Bauern verteilen.

Ein despotisch orientalisches Sultansverfahren, welches das Gegenteil einer Justiz bedeutet! Man kann hierin nur Akte der Erbitterung und Verzweiflung sehen, wie sie aus der Erkenntnis entsprangen, daß es sich als unmöglich herausstellte, die Axt an die Wurzel des Zustandes zu legen. So tief lebte aber in diesem Kaiser die Überzeugung von der dringenden Notwendigkeit der Reform, daß er einen neuen Weg beschritt,

---

[1] Kedren II 414 f. Psellos (Sathas IV) 13. Der Witz dieser Stelle über das $\varphi\varrho o\nu\tau\iota\sigma\tau\acute\eta\varrho\iota o\nu$ des Parakoimomenos Basilios ist von Bury mit einem pun übersetzt worden, das eines Landsmannes Shakespeares nicht unwürdig ist: he turned the refectory into a reflectory etc. (Engl. histor. review IV 49).

[2] $\tau\grave o\ \H o\lambda o\nu\ \varkappa\alpha\tau\acute\varepsilon\sigma\chi\varepsilon\ \chi\omega\varrho\acute\iota o\nu\ \varkappa\alpha\grave\iota\ \pi\varrho o\acute\alpha\sigma\tau\varepsilon\iota o\nu\ \acute\iota\delta\iota o\nu\ \grave\varepsilon\pi o\acute\iota\eta\sigma\varepsilon\nu$. $\Pi\varrho o\acute\alpha\sigma\tau\varepsilon\iota o\nu$, ursprünglich = suburbanum, wird dann allgemein für Landbesitz sehr häufig gebraucht. Im folgenden korrigiere ich $\tau\grave\alpha\ \tau o\acute\upsilon\tau o\upsilon\ o\grave\iota\varkappa\acute\eta\mu\alpha\tau\alpha$. Nov. 29, c. 1 (310).

um mit der schwachen Waffe der Agrargesetzgebung[1] die stärkere einer Steuerreform zu verbinden. Wenn es auch vielleicht nur eine gut erfundene Anekdote ist, so liegt doch ein klarer Sinn in der Überlieferung, dafs der letzte der grofsen Rebellen, als er mit Kaiser Basil seinen Frieden machte und sich auf sehr vorteilhafte Bedingungen unterwarf, ihm den Rat gegeben habe, er möge hinfort solche grofsen Leute (wie er) nicht mehr ihres Reichtums froh werden lassen, sondern sie mit Steuern heimsuchen. Je ungerechter die Steuern seien, mit denen er sie bedrücken werde, um so besser werde es für die Regierung sein; denn wenn sich diese Klasse erst für ihre Existenz zu quälen hätte, blieben ihr keine Gedanken mehr übrig für die Politik[2].

Aus dem spätrömischen Steuersystem ist die Einrichtung der sogenannten adjectio sterilium bekannt, welche das Steuerdebet verlassenen und brachliegenden Bodens auf den Gutsnachbar in Form von Zuschlägen übertrug, eine völlig ruinöse Belastung des Grundbesitzes. Dem Geist dieser alten Verwaltungspraktik verwandt scheint das byzantinische Allelengyon, die gegenseitige Haftung, welche im Anfang des neunten Jahrhunderts begegnet und jetzt von Basil II. erneuert ward[3]. Sie wälzte die Beschaffung der Mittel für die militärische Ausrüstung, für die die Armen nicht mehr leistungsfähig waren, auf die Reichen ab. Man findet, dafs von Anfang an die Geistlichkeit wie ein Mann über diese Belastung ihres Einkommens sich erbittert zeigt; vergebens ergriff der Patriarch die Gelegenheit des kaiserlichen Triumphes über die Bulgaren, um die Aufhebung dieser Steuer zu erbitten. Hieraus zu schliefsen, dafs der geistliche Besitz härter betroffen gewesen wäre, als der

---

[1] Dafs übrigens die Agrargesetze auch im elften Jahrhundert in Geltung blieben, sieht man an der Synopsis des Psellos bei Migne, Patrol. series graeca B. 122, 971 f.

[2] Psellos 17: μηδένα τῶν ἐν στρατείαις ἐᾶν πολλῶν εὐπορεῖν (so ist der Text zu korrigieren) κατατρύχειν τε ἀδίκοις εἰσπράξεσιν, ἵνα τοῖς ἑαυτῶν ἀσχολοῖντο κτήμασι.

[3] Dafs das Allelengyon des Nikephoros von dem des Basilios verschieden gewesen sei, nimmt Zachariae, Gesch. des gr.-röm. Rechts³, 235, Anm. 763 an. Leider sind die Nachrichten sehr kurz.

weltliche, liegt nahe, und doch möchte es ein Irrtum sein. Anders als bei uns im Abendland stand die Geistlichkeit fast völlig aufserhalb der Staatsverwaltung; Steuern zu hinterziehen, besafs sie nicht die thatsächliche Macht, welche den weltlichen Grofsen die Hofrangklasse und das Amt gewährte.

Nachdem diese Steuer etwa fünfundzwanzig Jahre bestanden hatte[1], wurde sie doch gesetzlich abgeschafft. Die Kaisergewalt erwies sich nicht als stark genug, um auf diesem Weg den Kampf mit dem Grofsgrundbesitz zu Ende und zum Sieg zu führen.

Die Zunahme des Latifundienwesens will als eines der augenfälligsten Symptome in Rechnung gezogen sein, wenn die späteren Geschicke zumal Kleinasiens verständlich werden sollen. Es wurde nun so, dafs sich diesem verhängnisvollen Lauf, den die Dinge genommen hatten, ein Verbündeter zugesellte, der den Enderfolg beschleunigte, der Steuerexekutor. Man erinnerte sich später, dafs unter Basil II. noch mit Schonung vorgegangen wurde, und Rückstände durch Jahre stehen blieben, bis sie in Vergessenheit gerieten. Unter seinen Nachfolgern wurden Rückstände nachsichtslos eingetrieben, und die Schuldner von Haus und Hof verjagt. Wenn man liest, dafs unter Romanos III. (1028—34) bei einer Hungersnot in den östlichen und nördlichen Teilen von Kleinasien die Bevölkerung nur mit Mühe von völliger Auswanderung zurückgehalten wurde[2], so mag man daraus abnehmen, wie sehr die ländlichen Verhältnisse der Proletarisierung der Bauern zudrängten, die nicht ohne Not zu so verzweifelten Entschlüssen getrieben werden.

Eigentlich erhalten erst durch die Einsicht in diesen wirtschaftlichen Kampf die Thatsachen der politischen Geschichte, die man in allen Büchern liest, die rechte Beleuchtung. Auf den Sieg des Grofsgrundbesitzes gehen im Grund alle innerpolitischen Erschütterungen dieser Zeiten zurück.

Die hochpolitische Seite des Kampfes der Krone gegen den grofsen Grundbesitz kann man sich daran vergegenwärtigen,

---
[1] Kedrenos II, 456. 475. 486. Zonaras (Dindorf) IV 119. 128.
[2] Zonaras (Dindorf) IV 131. 133.

dafs die Phokas, Skleros, Maniakes, die Dalassener, Burtzes, Diogenes, Botaniates, die Komnenen, die nach einander eine grofse Rolle gespielt haben, aus dem kleinasiatischen Landadel hervorgegangen sind[1]. Es war ein junger Adel, weniger durch Geburt als durch gemeinsames Interesse ständisch zusammengeschlossen, durch zahlreiche Familienverbindungen mit einander verkettet. Die Zimiskes und Skleros, die Phokas und Maleïnos waren mit einander verwandt; Botaniates rühmte sich der Abkunft von den Phokas. Das Selbstgefühl dieser Kreise kann man an der Bemerkung eines asiatischen Schriftstellers sehen, da er bei der Usurpation des Botaniates dessen Nebenbuhler, einem Bryennios, vorwirft, er sei minder adelig und blofs aus den Westprovinzen gewesen[2]. Im zehnten Jahrhundert war das Reich in der Hauptsache Kleinasien; Konstantinopel war zeitweise nur wie ein Brückenkopf am europäischen Ufer. Erst die Unternehmungen Basils II. brachten wieder das alte Gleichgewicht, indem sie die Verbindung zum adriatischen Meer sicherstellten. Es fiel auf, dafs er bei seinem ersten Bulgarenkrieg sich die Selbständigkeit zutraute, nicht einmal die asiatischen Barone vorher zu fragen[3]. Dafs es sich bei ihm darum handelte, der Krone das verlorene militärische Prestige wiederzugewinnen, wurde in diesen Kreisen sofort herausgefühlt und eifersüchtig verfolgt. Die Geschichte der kleinasiatischen Fronde, die den Schwerpunkt des Reichs nicht verschoben haben wollte, ist ein grofses Stück der Geschichte der Regierung Basils II. Wie viel unabhängiger aber wurde durch seine Erfolge das Kaisertum in seiner Hauptstadt! Die Ordnung der Balkanhalbinsel machte Konstantinopel frei von der asiatischen Vormundschaft. Vor allem in der grofsen Frage der Verproviantierung fand sich die Zentrale nicht mehr lediglich auf Asien angewiesen. Durch

---

[1] Sehr belehrend über diese Familien sind die von Zachariae mitgeteilten Varianten der Handschriften von nov. 29, c. 1, von denen der Herausgeber vermutet, es seien eigenhändige Randbemerkungen Kaiser Basils gewesen. Ib. Anm. 24. 33. 48.
[2] Michael Attal. 288.
[3] Kedren II 436 und Zonaras (Dindorf) IV 111: Βάρδαν τὸν Φωκαν καὶ τοὺς λοιποὺς ἑῴους δυνάστας μηδ' ἀξιώσας λόγου.

III. Das Reich im elften Jahrhundert.

das Vorrücken der Reichsgrenze bis zur Donau und die Freiheit der Strafse nach Dyrrhachium konnte man hoffen, die Kornkammer Thrakien (Rumelien) vor Beunruhigung geschützt und die Fruchtzufuhr nach Rodosto und Konstantinopel ungehemmt zu sehen.

So hatten denn die Parteiungen im Staat zu allen übrigen Merkmalen der Scheidung noch eine landschaftliche Schattierung. Es hängt damit wohl die besondere Dislokation der Armee zusammen, der man in der Mitte des elften Jahrhunderts begegnet. In alten Zeiten, wenn ein Kaiser etwa nach Syrien in den Krieg zog, schlossen sich ihm auf dem Weg durch Kleinasien je nach der Lage der Provinzen die Aufgebote der Reihe nach an. Waren sie vereinigt, so wurde eine grofse Parade abgenommen, wobei der Kaiser die Soldaten als seine Kinder begrüfste [1]. Eine solche kantonale Nachbarschaft von Rekrutierungsbezirk, Garnison und Kriegsschauplatz wurde jetzt mit Mifstrauen betrachtet; sie verstärkte das Übergewicht der lokalen Aristokratie, welche die Offiziere stellte. Nach dem gefährlichen Aufstand der makedonischen Truppen unter der Regierung Konstantins IX. Monomachos findet man eben diese europäischen Regimenter mit einseitiger Auswahl im Kampf gegen die Türken in Asien verwendet [2].

Verschwörungen und Aufstände sind für eine absolute Regierungsform etwas normales, da es keine gesetzlichen Ventile giebt; auch haben die byzantinischen Chronisten eine ständige Rubrik für Vorkommnisse dieser Gattung. Dafs die zwei bedeutenden Usurpationsversuche gegen Konstantin IX., der des Maniakes, von dem zuvor die Rede war, und der eben erwähnte makedonische scheiterten [3], wurde von den Zeitgenossen als ein halbes Wunder angesehen. Den starken Eindruck dieser Ereignisse auf die Regierungskreise in Konstantinopel kann man

---

[1] τακτικά in de caerim. 444—508, p. 483.

[2] Kedren II 611, wo die Motivierung des Schriftstellers natürlich eine Fiktion ist.

[3] Über den makedonischen Aufstand aufser Psellos und den längst bekannten Quellen der χαριστήριος λόγος des Johannes von Euchaïta, der nach dem Sieg gehalten wurde (in dessen Werken, die nach einer Abschrift des Paters Bollig von de Lagarde herausgegeben sind im 28. B. der Abhandlungen der Göttinger Gesellschaft der Wissenschaften, Nr. 186 bes. p. 187 ff.).

daraus abnehmen, dafs sie immermehr einer kriegerischen Politik abhold wurden, welche der Nährboden des militärischen Selbstgefühls war.

Das Reich stand in diesem Augenblick auf der Höhe seiner Erfolge. Von jeher hatte in Byzanz für vornehmer und ruhmvoller gegolten, im Osten Krieg zu führen als gegen die westlichen Barbaren. Indem man auch jetzt sich in Italien mit dem status quo begnügte, kam die langgeförderte Politik an der Ostgrenze zum Ziel. Das letzte Stück armenischer Souveränetät fiel, und unter Konstantin IX. (1042—54) wurde ganz Armenien dem Reich annektiert. In diesem Gebirgsland besafs jetzt die Ostgrenze eine so starke strategische Position, wie sie selbst das alte Römerreich nicht gehabt hatte, das sich mit der Lehensabhängigkeit dieser Gebiete begnügte und keine unmittelbare Reichsverwaltung einrichtete. Die Bedeutung der gleichzeitig beginnenden Angriffe der Türken zu übertreiben, mufs man sich wohl hüten. Kein Mensch konnte in jenem Augenblick voraussehen, dafs die innerasiatische türkische Macht, die sich von Indien über Persien erstreckte, eine dauernde Wendung gegen das Reichsland Syrien und Kleinasien nehmen würde. Das Ansehen des Reiches im Osten war ungeheuer. Die kleinen sarazenischen Dynasten jenseits der Grenze gravitierten zeitweise mehr nach Konstantinopel als nach Bagdad oder Kairo. Von einem dieser arabischen Souveräne wird erzählt, dafs er an einem Besuch in Konstantinopel, wo man ihm die Taschen mit Geschenken vollstopfte, solchen Geschmack fand, dafs er ihn wiederholte. Dieses mal aber bekam er die Majestät anders zu fühlen; er verbrachte nicht ganz freiwillig zwei sehr bängliche Jahre in der Hauptstadt, bis man ihn heimkehren liefs. Glücklich angelangt fafste er mit beiden Händen an seinen Kopf und fragte seine Leute: was ist das? Sie mufsten lachen und antworteten: Herr, es ist Dein Kopf. Nun Gott sei Dank, rief der Sarazene aus, dafs ich mit dem Kopf auf den Schultern heil über den Bosporus zurückgekommen bin[1].

---

[1] Kekaumenos c. 221. Die Geschichte trug sich unter Romanos III. zu (1028—1034).

III. Das Reich im elften Jahrhundert.

Alles in allem fand nun Kaiser Konstantin, dafs das Reich in seinen Grenzen gesättigt sei und keine weitere Ausdehnung ertrage. Die persönlichen, unkriegerischen Neigungen dieses Kaisers waren nicht entscheidend für einen solchen Gedanken und Entschlufs. Wer dies glauben würde, übersieht, dafs auch ein so kompetenter, militärischer Beurteiler, wie der nachmalige Kaiser Isaak Komnenos eine Erweiterung der Grenzen ablehnte. Es würde mehr Geld und Hände gekostet haben, und „wenn man das nicht besafs, war jeder Zuwachs in Wahrheit ein Verlust". So konnte man meinen, eine Friedensära zu eröffnen, und in der That ward unter der Nachfolgerin Kaiser Konstantin IX., während der freilich kurzen Regierung der Theodora, konstatiert, dafs tiefer Friede an den Grenzen herrschte. Man nahm wohl mit Grund an, dafs Kaiser Konstantin dem Militär nicht gewogen sei. Selbst im Palast legte er keinen Wert auf die Wachen, und die Hauptstadt war so sehr von Garnison entblöfst, dafs es beim makedonischen Aufstand, der eine Belagerung der Residenz herbeiführte, nötig wurde, die Sträflinge der Gefängnisse zu bewaffnen. Auf manche machte der Kaiser den Eindruck einer genialen Bohèmenatur; er liebte die Genüsse, und war darin nicht einmal wählerisch; auch zeigte sich die Kaiserkrankheit, das Podagra, bei ihm so stark, dafs, wenn er ausreiten mufste, um sich zu zeigen, Teppiche auf das Strafsenpflaster gelegt wurden, und Diener rechts und links gingen, um ihn zu stützen. Im ganzen aber fand man, dafs Konstantin in seinen Unternehmungen eine sehr glückliche Hand zeigte; auch verstand er, sich die Herzen zu gewinnen[1], und viele nannten ihn mit dem Beinamen eines alten Ptolemäers: Euergetes, den Wohlthäter. Er lebte gern; aber er liefs auch andere leben; der byzantinische Bauluxus des elften Jahrhunderts stand unter ihm auf seiner Höhe.

Aus dem neunten Jahrhundert erzählt man die Geschichte von einem Kaiser (Michael III.), der den Feuertelegraphen in

---

[1] Auch wenn man von den Poesieen derer, die von seiner Gnade lebten, einiges abzieht, bleibt doch dieser Eindruck. Gedicht des Johannes von Euchaïta Nr. 54.

III. Das Reich im elften Jahrhundert.

Kleinasien zerstören liefs, weil ihn die übelen Nachrichten von der Grenze in seinem Zirkusvergnügen störten; Basil II. liefs das völlige Gegenteil sehen; zu reifen Jahren gekommen, lebte er blofs den Staatsgeschäften, er vermied die Genüsse und liefs andere in Bäder und auf die Jagd gehen. Aber das Reich stand jetzt anders da als ein halbes Jahrhundert früher und erlaubte dem Träger der Krone etwas mehr Genufs der Herrschaft. Vielleicht erheischte die neue Zeit eine andere Auffassung des Regiments, und vielleicht täuschten sich über Kaiser Konstantin IX. auch diejenigen unter seinen Hofleuten, die bei aller Bewunderung zugaben[1], dafs ihm die Annehmlichkeit des Kaiserseins über den Dienst für das Gemeinwohl gehe.

In den Mafsregeln dieser Regierung für das Ganze der Staatsverwaltung ist viel zu viel Verstand und Absicht, als dafs der Kaiser mit dem Portrait eines begabten und gutmütigen Lebemannes richtig getroffen sein könnte[2].

Eine seiner grofsen Mafsnahmen war die Herstellung einer Hochschule in der Hauptstadt: einer philosophischen Fakultät für das Studium und die Exegese der Klassiker der Theologie und alten Litteratur, sodann aber, eine Sache von ganz unmittelbarer praktischer Bedeutung, einer Rechtsschule. Sie wurde in dem neugegründeten manganischen Stift zum h. Georg eingerichtet, und eine Bibliothek damit verbunden. Der Unterricht sollte im Prinzip kostenfrei sein und war es auch thatsächlich für die Unbemittelten. Man erstaunt, bei der Gelegenheit zu hören, dafs seit langem im byzantinischen Reich, das sich des vollkommensten Gesetzesmaterials der Welt rühmen durfte, Rechtsstudium und Rechtsgang eine Sache der Autodidaktik, des Handwerks und roher Praktik war. In der Anwendung der Gesetze bestand die gröfste Unsicherheit, und die Meinungen über die Auslegung standen sich wie in den alten römischen Zeiten oder in den vier

---

[1] So Psellos 125.

[2] Ich will nicht mit meinem Urteil zurückhalten, dafs die bisherigen Auffassungen der Regierung Konstantins IX. sich nicht über den Standpunkt eines Sueton erhoben haben. Immer hört man denselben hauptstädtischen Klatsch wiederholen.

III. Das Reich im elften Jahrhundert. 67

Rechtsschulen des Islam schroff gegenüber. In dem Erlaſs[1], mit dem der Kaiser den Rektor der neuen Fakultät einsetzte — er sollte griechisch und Latein können; es war der berühmte Jurist und spätere Patriarch Johann Xiphilin — liest man eine Stelle: Die Gesetze sollen nicht mehr dunkel sein wie Orakelsprüche; die Wissenschaft soll sie, wie eine Leibgarde den Kaiser, umgeben und schützen. Den jungen Leuten wird vorgehalten, wie viel besser sie es hätten als die Studenten in früheren Zeiten, die zum Besuche der Rechtsfakultät nach Rom oder Beirut reisen muſsten. Das wichtigste aber von allem war dies: die Beteiligung an den Lehrkursen wird zur Bedingung der Zulassung gemacht für die künftigen Advokaten, Notare, Richter.

Merkwürdig genug, wie an dieser Stelle im waffenlärmenden Mittelalter doch wieder Ansätze zur Herstellung einer geordneten Verwaltung sich hervorwagen; zur Schaffung eines Juristen- und Beamtenstandes, dessen Bildungsgang einheitlich und vom Staat überwacht sein sollte! Man mag auch hier Gedanken von Zivilreform und Abwehr der Militärherrschaft heraushören. Indem aber ging die Steuerverwaltung zu ähnlichen Absichten über.

Die Finanzen des Reiches blieben immer von einer einheitlichen Regelung weit entfernt. Ein sehr auffälliger Unterschied der östlichen und westlichen Provinzen bestand z. B. darin, daſs die östlichen Statthaltereien aus der Reichskasse dotiert wurden, während die westlichen für ihre Gehälter unmittelbar auf die Einkünfte ihrer Provinz angewiesen waren. Der Grund dafür ist nicht bekannt. Doch will ich die Vermutung nicht zurückhalten, daſs es daher kam, daſs die westlichen Pro-

---

[1] Diese Novelle, die in der Sammlung von Zachariae fehlt, ein kostbares Stück, ist neuerdings an den Tag gekommen unter den Werken des Johannes von Euchaïta und mit diesen herausgegeben a. a. O. als Nr. 187. In den Motiven wird der Friede des Reichs betont: εἰρηνεύει τὸ ὑπήκοον, πολλὴ δὲ γαλήνη τὰ Ῥωμαίων κατέχει. Eine Arbeit von W. Fischer über den Juristen und Theologen Xiphilin enthält vieles gute (Studien zur byzantin. Geschichte des XI. Jahrhunderts, Plauener Programm 1883).

vinzen am stärksten von barbarischen Kolonieen durchsetzt waren, und daſs es angezeigt schien, den Betrag ihrer Steuern, ihrer Kulturstufe angemessen, in natura zu erheben[1]? Wodurch es erklärlich würde, daſs man diese Abgaben nicht nach Konstantinopel abführte, sondern in der Provinz selbst verrechnete. Als Bulgarien unter Basil II. unterworfen ward, belieſs man die bestehende Naturalbesteuerung: für jedes Joch Ochsen, das ein Bauer besaſs, hatte er ein Maſs Korn, Wein und Hirse abzuliefern[2]. Später aber beschritt man andere Wege. Ob man fand, daſs überhaupt lokale Besonderheiten der Provinzen Sondergelüsten und ehrgeizigen Versuchen einen Anhalt boten, oder ob es rein fiskalische Interessen waren: man begann, das System der Geldsteuern zu begünstigen. In Bulgarien freilich war der Erfolg, daſs man die Bevölkerung zum Aufstand brachte; in den alten Provinzen aber kam, und zwar an einem ganz bestimmten Punkt, die Neigung der Bewohner dem Wunsch der Regierung entgegen. Dieser Punkt war die Umwandlung der Militärpflicht in eine Wehrsteuer. Die Regierung muſste nach reichlichen Erfahrungen eine waffengeübte Provinz mit Miſstrauen ansehen. Die Bevölkerung ist, sofern sie prosperiert, geneigt, sich vom Militärdienst zu befreien[3]. Zeugnisse einer fakultativen Ablösung der Militärpflicht finden sich schon aus dem zehnten Jahrhundert für Provinzen des Westens wie Ostens;

---

[1] Die Geldtribute der Slavenstämme des peloponnesischen Gebirgs (de admin. imp. c. 50) sprechen noch nicht gegen meine Annahme. Sie saſsen geschlossen und hatten eine Autonomie, welche die übrigen Slavenkolonieen, z. B. um Patras, de adm. imp. S. 220, bald verloren.

[2] Wie vorsichtig überhaupt die griechische Regierung in den ersten Zeiten nach der Unterwerfung Bulgariens in diesem Lande auftrat, zeigen auffällig die bei Zachariae fehlenden Kaiserurkunden Basils II., welche jetzt Gelzer aus dem Werk von Golubinski allgemein zugänglich gemacht und kommentiert hat in seinen Studien über die kirchliche Geographie des Reiches (Byzant. Zeitschrift II).

[3] Rambaud, l'empire grec au 10me siècle p. 238: ces dispositions peu belliqueuses doivent être un indice de prospérité. de admin. imp. 242 f. ᾑρετίσαντο μὴ ταξιδεῦσαι. Ἐκ τῶν αἱρουμένων μὴ ταξιδεύειν. Für den Osten ein Beispiel de caerim. 666. Leon, tactica XX 205.

III. Das Reich im elften Jahrhundert.

im einzelnen haben wenigstens die, die reich genug waren, immer von dieser Freiheit Gebrauch gemacht. Unter Konstantin IX. aber wurde diese Wehrsteuer zur Regel; selbst die alte Steuerfreiheit der Militärgrenze, der Preis für die Obliegenheiten des Wach- und Befestigungsdienstes, wurde von ihm aufgehoben[1]. Keine Frage, dafs der Reichskasse nun immer reichlichere Barmittel zuflossen. Wie aber konnte der Bestand der Armee erhalten werden, wenn die Militärpflichtigen, ohnehin schon ein durch die wirtschaftliche Bedrängnis gefährdeter Stand, von ihrem Dienst in immer weiterem Umfang befreit wurden? Die Provinzialkontingente waren früher der Kern der Heere. Ihre Stärke war verschieden nach den Provinzen. Aber es war alte militärische Überlieferung, dafs die sogenannten Bundesgenossen, d. h. die Barbarentruppen, die man in Sold nahm, an Zahl nicht mehr sein sollten als das eigene Heer. Von diesen Söldnern hatte es immer gegeben, sowohl auf Reichsboden angesiedelte Barbarenkolonieen wie die Mardaïten, Slaven, armenischen Paulikianer, Petschenegen als auch Fremde von jenseits der Grenze, russische, skandinavische, italienische Normannen, Türken, Kaukasusvölker. Es war leicht vorherzusagen, dafs für einen künftigen Kriegsfall diese Heeresbestandteile stärker würden herangezogen werden müssen.

Vielleicht dachte man am Sitz der Regierung, dafs mit der Zunahme von verschiedenartigen Mietstruppen der Einflufs eines Generalissimus, der über landsmannschaftliche Truppen natürlich grofs war, gemindert würde. In der That standen die Söldner unter eigenen Offizieren gleicher Nationalität, und nur, wenn alle Föderattruppen zusammengezogen wurden, erhielten sie einen gemeinsamen griechischen Kommandeur, der den Titel Ethnarch führte. Die furchtbare altrömische Disziplin, die die strengsten Zuchtmittel in die Hand der Offiziere legte, stiefs gegenüber Soldtruppen auf eine grofse Schranke. In Disziplinarsachen unterstanden sie ihren eigenen Führern[2].

---

[1] Kedren II 608: ἀντὶ στρατιωτῶν φόρους πολλοὺς ἐπορίζετο. Zonaras (Dindorf) IV 178.

[2] Ein Beispiel von den Nachteilen dieser getrennten Kompetenz Skylitzes II 679.

Eine Armee, in der Söldner vorherrschten, war keine geschlossene Macht mehr wie die alten Provinzialheere. Wenn man das wegen der Ruhe im Innern des Staates gern sah, da die Provinzialaufgebote mehr wie einmal der Hauptstadt gefährlich geworden waren, so täuschte man sich doch über den Erfolg. Die Söldner, die nun immer mehr an Wichtigkeit gewannen, erwiesen sich in der That als unsichere Elemente, aber ebenso unsicher für ihren Generalissimus wie für die Regierung; sie folgten nur dem eigenen Vorteil. Nichts hinderte sie, sich einem ehrgeizigen General anzuschliefsen, der ihnen für den Fall des Gelingens grofse Geschenke in Aussicht stellen mochte. Sie gingen wie eine Ware von Hand zu Hand. Die normannischen Söldner des Maniakes sind nach seinem Tod in den Dienst der Regierung getreten, die sie eben hatten stürzen wollen.

Die Hauptsache war aber angesichts dieser thatsächlichen und möglichen Veränderungen, dafs man sich eben auf einen Friedenszustand einrichtete und nicht auf einen Krieg. Acht Jahrzehnte lang, fast ein Jahrhundert seit der zweiten Hälfte des zehnten Jahrhunderts war das Reich im Zustand der Offensive; jetzt aber traten die Gedanken weiterer Eroberung, wie wir sahen, zurück, und die Rücksichten auf die innere Politik gewannen die Oberhand. Die Steuerverwaltung zieht nochmals unsere Blicke auf sich.

Wie eine Legende läuft durch unsere Überlieferung die Erzählung von dem grofsen Schatz Kaiser Basils II. und seinen unterirdischen Gewölben voller Gold und Edelgestein. Die Verschwendung der folgenden Regierungen habe ihn bald geleert, und so seien immer neue und neue Steuern nötig geworden. Wie viel an dieser Auffassung begründet ist, läfst sich unmöglich feststellen. Doch mufs man sich sagen, dafs wer die Gebräuche einer grofsen Hofhaltung und den Luxus einer Residenz in der Nähe sieht, leicht zu Übertreibungen geneigt ist, und diese Verschwendung im Verhältnis zu dem ungeheueren Budget eines Grofsstaates, wovon er keine Vorstellung hat, fast immer überschätzt. Die Thatsache, dafs unter den Nachfolgern Basils die Steuerverwaltung rücksichtsloser wurde, und die

III. Das Reich im elften Jahrhundert. 71

Steuern stiegen, steht fest. Der Übergang von der Natural- zur Geldsteuer giebt an sich leicht Anlafs zu einer stärkeren Belastung. Man hatte es doch schon unter Nikephoros Phokas erlebt, dafs die Regierung die schlechte Valuta benützte, um ihre Einnahmen zu steigern: sie bezahlte in schlechtem Geld und kassierte nur das gute ein [1]. Von Romanos III. sagte man dann, er sei mehr ein Steuerinspektor als ein Regent. Wegen des Steuerdruckes schlofs sich eine griechische Provinz dem Bulgarenaufstand an; in Cypern, Antiochien kam es zu Unruhen und Totschlag der Steuerbeamten. Unter Konstantin IX. endlich haben zwei nordöstliche Grenzprovinzen, durch neue Auflagen geärgert, den Feind ins Land gerufen [2].

Alles das steht fest. Die Frage ist aber offen, was der Zweck dieser steigenden Belastung war. Eine kaiserliche Prinzessin, der auf einer Reise nach Ephesus der Anblick der Steuerexekution das Vergnügen gestört hatte, und die darauf dem ersten Minister Vorstellungen machte, mufste sich die Antwort gefallen lassen, Frauenzimmer verständen nichts davon, was der Staat koste.

Erinnern wir uns aber jener Geschichte von dem Rat, der Basil II. gegeben worden sein soll, wie er am besten seiner aufsässigen Provinzialen Herr werde. Er solle den Reichen zur Ader lassen, damit sie nicht kräftig und gefährlich blieben. Es ist eine alte Wahrnehmung, dafs politische Ambitionen im Staat ebenso häufig, ja vielleicht öfter, die Folgen des wirtschaftlichen Gedeihens einer bestimmten Klasse sind, als ihrer Notlage. Wenn die Regierung ohne Erfolg versucht hatte, die Macht einzelner Stände auf andern Wegen zu mindern: sollte sie nicht auf den Gedanken kommen, durch einen kräftigen Steuerdruck das Gleichgewicht und die Ruhe im Staat herzustellen, die eigene Autorität zu sichern? Die politischen Absichten dieser Steuerverwaltung sind ein zu

---

[1] Zonaras (Dindorf) IV 83. Sehr interessant sind ähnliche Betrachtungen und Mitteilungen aus der arabischen Verwaltung, gestützt auf den Juristen Mawerdi bei v. Kremer, Kulturgeschichte des Orients unter den Kalifen I 276 ff.
[2] Kekaumenos c. 50.

altes und bewährtes Rezept absoluter Regierungen, als dafs man sie nicht auch hier in Anwendung glauben sollte [1]. In den folgenden Zeiten wurde das politische Urteil durch die türkischen Eroberungen so völlig verschoben, dafs man die Geschichte der nächsten Vergangenheit nicht mehr anders verstand, als blofs unter dem Gesichtswinkel der Gegenwart. Ein Militär urteilt in den siebziger Jahren des elften Jahrhunderts, Konstantin IX. habe den Staat ruiniert. Dieses Urteil wird im folgenden Jahrhundert wiederholt: für unbefangene Leute stehe es fest, dafs Konstantin durch die Aufhebung der militärischen Leistungen an der Grenze und ihre Umwandlung in Steuern dem Feind die Thore des Reichs geöffnet habe. An der Fassung dieser Äufserung sieht man, dafs das Urteil wenigstens kein einstimmiges war [2]. Psellos, dessen politische Urteilsfähigkeit man übrigens nicht hoch veranschlagen darf, vergleicht den Staat seiner Zeit einem Monstrum in der Art eines Polypen mit zahllosen Gliedmafsen und von unbehülflicher Verfettung. Die Ausgaben aber, sagt er, seien schon beim Regierungsantritt Konstantins IX. so grofs gewesen, dafs das Staatsschiff vollgeladen bis zum obersten Ring im Wasser gelegen sei. Dieses Urteil scheint den überkomplizierten Verwaltungsmechanismus zu treffen, dessen Kostspieligkeit die Mittel des Staats verzehre, und mag vielerlei Berechtigung haben.

Wenn bei alledem Konstantin IX. den Eindruck eines grofsen Regenten auf seine Zeitgenossen machen konnte, so mufs man annehmen, dafs die nicht vorherzusehenden grofsen Erschütterungen späterer Zeiten das Urteil dermafsen verwirrt haben, dafs man zur Entlastung der Gegenwart und zur Entschuldigung eigener Sünden die Ursachen alles Unglücks den

---

[1] In venezianischen Akten der Levantepolitik des XVI. sacc. sind mir gelegentlich die nämlichen Ansichten über Steuerpolitik begegnet. So sehr haben sich mit dem altbyzantinischen Boden auch die Grundsätze vererbt.

[2] Kekaumenos c. 250 $διέφθειρε\ καὶ\ ἠρήμωσε\ τὴν\ βασιλείαν\ τῶν\ Ῥωμαίων$. Hiervon mufs man den Hafs des Soldaten gegen Konstantin IX. abziehen. Zonaras IV 178 $τοῖς\ ἀπαθῶς\ λογιζομένοις$ etc. Psellos (Sathas IV) 237 ff.

III. Das Reich im elften Jahrhundert. 73

früheren Regierungen zuschob. Bei dieser Betrachtung wird man, wenn nicht alle, so doch ein gut Teil der Anklagen abziehen, sofern man zu unbefangenem Verstehen der wahren Absichten dieser Zeiten gelangen will. Dafs die militärischen Einrichtungen genügten, sieht man an dem glänzenden Friedenszustand mehrerer Jahre, ganz besonders aber an dem unverändert hohen militärischen Ansehen des Reiches, welches unter seinem dritten, militärischen Nachfolger die „Parther und Ägypter" (Bagdad und Kairo) völlig im Zaum hielt. Die wahren Ursachen des rapiden Verfalls der nächsten Jahrzehnte liegen an einer anderen Stelle, in Ereignissen, die erst nach dem Tod Konstantins IX. eintraten. Sie sind wichtig genug, auch für die allgemeine Geschichte, um unsere Aufmerksamkeit anzuspannen.

Von dem Selbstgefühl der Armee, von ihrer Eifersucht und Erbitterung über die immer mehr vorwaltenden Tendenzen, die die Zivilverwaltung begünstigten, war zuvor die Rede. Auch davon, dafs die Spannung etwas über zwei Jahre nach dem Tod Konstantins IX. zu einem Aufstand der asiatischen Regimenter führte, die Isaak Komnenos zum Kaiser ausriefen (1057). Er drang zum Bosporus vor; der Kaiser in der Hauptstadt ward gestürzt, und Isaak gewann Palast und Thron. Der erste Empfang der hohen Beamten, des Senats, wie es immer noch hiefs, durch den neuen Kaiser blieb den Teilnehmern unvergefslich. Sonst war dies eine Art Gratulationscour mit dem Austausch phrasenreicher offizieller Ansprachen. Jetzt aber traten sich Feinde gegenüber. Die Senatoren standen zusammen und sahen auf den Boden; der Kaiser sprach nur das nötigste, fast mehr durch Kopf- und Handbewegungen seinen Willen zu erkennen gebend und überliefs das Reden seinen Sekretären. Diesem wenig verheifsungsvollen Anfang entsprach der Verlauf dieser Regierung. Es war so, dafs die Parteien im Staat, nach verschiedenen Richtungen drängend, sich gegenseitig lahmlegten und den Staatswagen zum Stillstand brachten. Nach sieben und zwanzig Monaten dankte der Kaiser ab. Die ungeheure Spannung des Augenblicks und das Aufsehen, welches die Lösung weithin erregte, tritt in der Überlieferung zu Tag, auf der Jagd in der Nähe des Marmarameeres sei dem Kaiser ein Übernatürliches, Entsetzliches begegnet. Er habe ein Wildschwein verfolgt; dieses sei plötzlich im Meer untertauchend verschwunden, eine Feuererscheinung sei gekommen, der Kaiser vom Pferd gestürzt. So habe man ihn gefunden, bewufstlos, Schaum vor dem Mund. Der furchtbare Eindruck dieses Wunders habe die Entschliefsung des Kaisers zum Ziel gebracht; er zog sich in das Studioskloster zurück.

In Wahrheit sind die Einzelheiten dieser Abdankung und der Intriguen, die den Nachfolger auf den Thron brachten, unklar[1]; um so klarer sind aber die allgemeinen Züge der Situation. Der Ursprung der Regierung des Isaak Komnenos war, wie gesagt, ein militärischer. Als er an der Nordgrenze Krieg führte, schrieb ihm sein Minister, er möge einhalten und „den Übermut eines siegreichen Heeres" fürchten[2]. Vor militärischen Erfolgen hatte man in gewissen Kreisen die gröfste Angst; sie würden die Vorherrschaft des Militärs zu einer dauernden gemacht haben. Die Interessen der ganzen Bureaukratie waren dagegen; auch lag offenbar in den allgemeinen Verhältnissen noch keine Notwendigkeit, die auch die Widerstrebenden für eine Militärdiktatur, wenn auch nur als notwendiges Übel, eingenommen hätte.

Mit solchen Gedanken begann die Regierung Konstantins X. Dukas, eine Parteiregierung, wenn es je eine gegeben hat.

Georg Maniakes und so manche andere waren beim Versuch verunglückt; Isaak Komnenos hatte das Szepter in die Hand bekommen, aber bald abdanken müssen. Woher kam es nach allem, dafs trotz einigen Ausnahmen und Unterbrechungen die überlieferte Form der hauptstädtischen Regierung sich immer wieder herstellte und sich als die mächtigere erwies? Noch in den siebziger Jahren, ehe die zweite, die

---

[1] Das Wunder bei Skylitzes II 647. Psellos hat kein Wort davon. Nach ihm holt sich Isaak auf der Jagd eine Lungenentzündung. Eben die Dunkelheiten des Psellos, besonders 262 ff., verraten, dafs mehr vorging als er sagt. Zonaras IV 196 zitiert die auseinandergehenden Angaben jener beiden.

[2] Psellos' Briefe (Sathas, Μεσαιωνικὴ Βιβλιοθήκη V) Nr. 161, p. 418.

große komnenische Revolution kam, und alles anders wurde, findet man es wie ein Dogma ausgesprochen, daſs noch jeder, der die Hand gegen die Krone aufgehoben und den Frieden gebrochen habe, umgekommen sei. Ein Vater rät in einer Art von Vermächtnis seinen Söhnen, sich allezeit zum rechtmäſsigen Kaiser zu halten und für keinen Usurpator Partei zu ergreifen. „Denn der Sieg bleibt immer beim Kaiser in Konstantinopel[1]."

Die einfachste Antwort auf diese Fragen wird wohl die sein. Die Überlegenheit der hauptstädtischen Regierung kam daher, daſs ihre finanzielle Kraft die gröſsere war. Das zunehmende Bestreben, zu den vorhandenen Einkünften aus Steuern und Zöllen immer neue flüssige Mittel zu gewinnen, die Erfindung neuer Steuern und Monopole konnte nicht anders als einen steten Zufluſs von Barmitteln zum Zentralsitz des Regiments erzeugen. Auch war das erste, was Usurpatoren zu thun pflegten, nicht daſs sie zu einer militärischen Entscheidung drängten, sondern daſs sie die Steuern der Provinz in ihrem Namen erheben lieſsen. Der Besitz des Thrones war nicht allein blendend durch den Schein von Macht und Majestät; es war die Lockung einer sehr reichen Schüssel, an deren Genuſs Verwandte, Freunde, Parteigenossen teilzunehmen hofften. So einfach war aber doch die Frage, wem der Staat gehören sollte, nicht zu lösen. Der ganze vielgliedrige Verwaltungsapparat, den wir mit einer Art Polypen vergleichen hörten, konnte auch von einer militärischen Faust nicht einfach bei Seite geschoben werden. Als Isaak Komnenos den „Augiasstall", wie man sich ausdrückte, „auszumisten" unternahm, konnte man das Wort hören: Der liebe Gott hat sich sechs Tage Zeit gelassen, um die Welt zu erschaffen; dieser Mann aber will alles an einem Tage zu Wege bringen. Schlieſslich blieb, kann man sagen, der passive Widerstand der Bureaukratie Sieger.

Es ist nicht wohl anders zu erklären, daſs mit allen Vorstöſsen der Armee und trotz den geschlossenen Interessen des

---

[1] ὁ ἐν Κωνσταντίνου πόλει καθεζόμενος βασιλεὺς πάντοτε νικᾷ. Kekaumenos c. 186.

Grundbesitzes die asiatischen Barone es nicht zu einer Magna Charta ihrer Freiheiten gebracht haben. War es aber wirklich dahin gekommen, und wäre die römische Geschichte so sehr auf den Kopf gestellt worden, dafs nun der Senat des Siegs über Prinzipat und Militär sich hätte rühmen dürfen? Die Worte, die gebraucht werden, sind wohl noch die alten; aber ihr Sinn ist nicht mehr der alte. Man nannte wohl die Zivilverwaltung, das Beamtenheer, das den Staat gern für sich in Anspruch nahm, Senat, insoweit die Träger jener Ämter in die Ordnung und Hierarchie der Hofrangklassen eingereiht waren. Mit den beiden anderen Hauptständen dieses absoluten Staatswesens, Militär und Geistlichkeit, besafs der sobezeichnete Senat [1] den stärksten Einflufs im Reich. Aber als konstitutionelle Körperschaft bestand der Senat nicht mehr. Erscheinungen wie im dritten Jahrhundert, dafs der Senat die Herrschaft einmal wieder an sich genommen hätte wie im Interregnum nach der Ermordung Aurelians, dafs er sich Majestät anreden liefs, waren längst nicht mehr möglich. Als der Bulgarenzar Symeon einmal ein Schreiben an den Senat adressierte, statt an den Kaiser, wufste man, dafs es sich dabei nur um die gemeine Absicht handelte, den Monarchen zu kränken und zu beleidigen [2]. Denn die gesetzlichen Rechte sowohl als Lasten des Senats waren ausdrücklich abgeschafft. „Der Senat hat keinen Beamten mehr zu ernennen und zu befördern, sondern alles ist der kaiserlichen Vorsehung anheimgegeben. Sein Recht der Gesetzgebung ist verschwunden; die Monarchie hat es an sich genommen". Die alten Ehrenleistungen der Konsuln, die Geschenke, die sie austeilen mufsten, sind erlassen. „Denn das altehrwürdige Konsulat hat seinen Ruhm verloren, und seine Träger haben für sich selbst kaum

---

[1] Im Sprachgebrauch συγκλητικόν, στρατιωτικόν, βῆμα. De jure sind die Definitionen weniger einfach. Die militärischen Provinzialgouverneure, στρατηγοί, hatten in der Regel Patrizierrang und waren damit Senatoren. Eine Monographie über den byzantinischen Senat, deren Schwierigkeit ich sehr wohl kenne, wäre dringend zu wünschen. Was an Litteratur vorhanden ist, taugt nicht.

[2] Nikolai patr. epp. 28 u. 29 (Mai, Spicil. Rom. X, 2, 275).

genug¹." Was noch Senat hiefs, bestand durch die Gnade des Kaisers. Den Namen Senatoren erhielten die, die der Monarch kraft seiner Prärogative zu gewissen Ämtern erhob und denen er Titel verlieh. Die Ämter hatten ihren Gehalt, und die Titel genossen bestimmte, nach der Stufenfolge der Hofrangklassen bemessene Jahresdotationen. Amt und Rang waren so kombiniert, dafs im allgemeinen der höhere Rang den Vortritt besafs, innerhalb des gleichen Rangs das höhere Amt. Streng genommen wurden nur einzelne Rangklassen als senatorisch bezeichnet; doch scheint der Sprachgebrauch die Bezeichnung verallgemeinert zu haben². Die die Dotationen bezogen, hiefsen dann Senatoren, und ihre Renten waren so beneidet, dafs Leute, die keine Ernennung zu gewärtigen hatten, sich in eine Rangklasse einzukaufen versuchten, nur um dafür die Leibrente zu geniefsen³.

Im späteren elften Jahrhundert waren diese Kostgänger der Staatskasse ungeheuer an Zahl gewachsen; es fällt das Wort, der Senat habe Myriaden Mitglieder gezählt⁴.

Von den vielen Zeremonien der kaiserlichen Residenz war es für den Zuschauer doch eine der imponierendsten, wenn, wie es Sitte war, in den zwei Wochen vor Ostern die Auszahlung der Gehälter erfolgte, und zwar für die obersten Chargen durch den Kaiser in Person⁵. Dann sah man auf einem grofsen Tisch das viele abgezählte Gold und die Prachtkleider, die der Kaiser

---

[1] Sic transit . . Das divitiarum est consulatus steht Scriptores hist. Augustae, vita Aureliani c. 15. Die im Text zitierten Novellen Leons bei Zachariae, collatio 2ᵃ no. 47. 78. 94.

[2] Diehl, études sur l'administration byzant. dans l'exarchat hat p. 126 f. bemerkt, dafs am Ende des VIII sacc. mit der Bezeichnung Senat in Italien die höchsten Beamten gemeint seien.

[3] Der Fall des Ktenas in de admin. imp. 232 f. Er wünschte eine Rente von 2 1/2 % und erhielt schliefslich 1 2/3, da die Zulassung eines Klerikers überhaupt ungesetzlich war. Dieses Bemühen, sich eine Kapitalrente zu sichern, erinnert einigermafsen an die Art, wie Ranke in der Geschichte der Päpste das System der monti di pietà schildert.

[4] Bei Michael Attal. 275: ὑπὲρ μυριάδας ἀνδρῶν παραμετρουμένη.

[5] In der Bestallung die Formel: ῥόγαν ἀνὰ πᾶν ἔτος λήψεται ἐξ ἡμετέρων χειρῶν λίτρας ... καὶ βλαττίον καὶ βαΐον etc.

den Berechtigten austeilte in der Reihenfolge, wie sie aufgerufen wurden. Die Verkürzung der Dotationen und Gehälter kam immer wieder mit einer gewissen Regelmäfsigkeit, wenn ein militärischer Herr auf den Thron kam, der das Geld lieber für seine Soldaten brauchte, als um den Hofadel und die Bureaukratie zu füttern. Nach Basil II. tauschte der Hof seinen militärischen Charakter wieder aus gegen den aus dem zehnten Jahrhundert gewohnten der zeremoniösen Palastexistenz. Die grofsen Generale der Bulgarenkriege nahmen teils in Verschwörungen verwickelt, teils denunziert und mit Mifstrauen festgehalten, ein unrühmliches Ende. Nach Michael IV. († 1041), der noch einmal in Person einen Bulgarenaufstand unterdrückte, zog kein Kaiser mehr ins Feld. Die antimilitärischen Tendenzen bekamen immer mehr die Oberhand, und nichts schien ihnen mehr Recht und Grund zu geben als die Erhebung des Maniakes und Isaak Komnenos. Die Bureaukratie, die Eunuchen und anderen Beamten des Palastes, denen die Eifersucht auf das Militär eingeboren war, gewannen endlich das Kaisertum für sich, das durch die Generalsrevolten seine Sicherheit bedroht sah.

Diese Bundesgenossenschaft lag immer in der Luft. Die Senatspartei war, wenn nicht an Macht, so doch an den gröfsten Einflufs gewöhnt; dafs der Monarch selbst regieren wollte, schien ihr „die unheilbare Kaiserkrankheit"; sie war immer diejenige, die, wenn sie nicht mitberaten und intriguieren durfte, über Gewalt und Tyrannei schrie. Denn sie hatte ihre grofse Fastenzeit, wie gesagt, wenn ein kriegerischer Herr die Krone trug. Indem sich jetzt ihre Herrschaft wieder vorbereitete, hatten die Kaiser schon seit geraumer Zeit an einer Umbildung und Erweiterung dieser Partei gearbeitet, die ihr eine breitere Grundlage und so der Regierung eine stärkere Stütze in der öffentlichen Meinung gewähren sollte.

Sonst war der Eintritt in den Senat an gewisse Vorbedingungen von Herkunft und Familie, das Aufsteigen in den Rangklassen an eine normale Folge und Anciennetät geknüpft gewesen. Schon unter Michael V., besonders aber an Kon-

III. Das Reich im elften Jahrhundert.

stantin IX. fiel es auf, daſs sie Promotionen auſser der Ordnung vornahmen, ganz besonders aber, daſs sie „Plebejer" in die „Gerusie" beriefen. Leute aus dem Handwerkerstand und Barbaren sah man plötzlich zum Senatorenrang erhoben und des kaiserlichen Umgangs gewürdigt, ja mit den höchsten Regierungsämtern bekleidet. Die alte Senatsaristokratie empfand darüber, wie sich denken läſst, Ingrimm; aber sie konnte sich mit einiger Ironie trösten, daſs „schon Romulus die Stände vermischt habe und daſs der Plebs allezeit lieber einem Spartakus gehorcht habe, als einem Perikles" [1]. Um der Parteiherrschaft willen konnte man diese Konkurrenz in Kauf nehmen.

Alle Aussichten öffneten sich mit dem Regierungsantritt Konstantins X. Dukas (1059). Er lenkte nach der Abdankung des Komnenen in die Bahn der Vorgänger zurück, indem er den Senat vollends demokratisierte. „Die Staffel der Würden machte er auch den Banausen zugänglich und die Schranke des Senats riſs er nieder" [2]. Darnach aber ging er, auf die so erweiterte Partei gestützt, zu etwas Unerhörtem vor. Es erfolgte eine Reihe von Maſsregeln von furchtbarer Tragweite.

Was war nicht alles im Lauf der Zeit versucht worden gegen die „Mächtigen" der Provinz! Die Grundbesitzreform war gescheitert; die Wirkung der Steuerpolitik kam nicht schnell genug. Jetzt lieſs man der demokratisierten Senatspartei die Zügel, und sie führte den lang gewünschten Schlag gegen die letzte groſse Provinzialorganisation, die Armeeverwaltung. Wenn man das Militärbudget beschnitt und das Heer zerstörte, so war dem militärischen Prätendententum der Boden abgegraben; man führte keine Kriege mehr; alle auswärtigen Verwicklungen sollten durch Verträge und Geschenke gelöst werden. Immer hatten Träume der Art in der altrömischen Senatspartei der Kaiserzeit gelebt. Was schienen Jahrhunderte in einem Staatswesen, das sich eines geschichtlichen Zusammenhangs von bald zwei Jahrtausenden rühmen konnte! Jahrhunderte waren wie

---
[1] Psellos hist. 167 f.
[2] Hauptstelle bei Psellos 265: αἴρει γὰρ καὶ τούτοις τοὺς τῶν ἀξιωμάτων βαθμοὺς καὶ διῃρημένου τέως τοῦ πολιτικοῦ γένους καὶ τοῦ συγκλητικοῦ, αὐτὸς ἀφαιρεῖ τὸ μεσότοιχον.

III. Dus Reich im elften Jahrhundert.

gestern und heute. Man glaubt jene Schwärmer zu hören, die in dem Tosen der Völkerwanderung von einem Frieden träumten, der von keiner Trompete und keinem Lagerlärm gestört werde, da man den Pflug führe und der Wissenschaften und Künste sich erfreue[1]. Vielleicht aber war es jetzt nur ein Nebenklang, diese Romantik; Hafs und Parteileidenschaft verblendeten die Köpfe und liefsen keinen anderen Wunsch als den gegenwärtigen Genufs des Sieges.

So war also die neue Bahn, die man einschlug. Es begann ein System der Ersparnisse am Militäretat, welches binnen kurzem die Organisation der Armee, die Einrichtungen ihrer Ausrüstung und Verpflegung zerrüttete. Die hohen Gehälter der militärischen Kommandos, erklärte man, seien zu teuer für den Staatsschatz. Es war ein öffentliches Geheimnis, dafs die militärische Carriere keine Aussichten mehr bot; alles drängte in den Justiz- und Verwaltungsdienst. „Die Soldaten stellen ihre Waffen bei Seite und werden Advokaten und Juristen"[2]. Als die Nordprovinzen von einem Einfall bedroht wurden, hatten die Kommandeure der Donaustädte einfach nicht Soldaten genug, um den Barbaren den Übergang zu wehren. Die Regierung beschlofs darauf, da sie denn zugleich unter dem beherrschenden Einflufs der Geistlichkeit stand, gegen die Feinde zu beten, und es giebt wirklich einen Bericht, der behauptet, sie seien durch eine himmlische Legion vernichtet worden. Selbst die rationalistischen Köpfe am Hof wurden zahm und gaben zu, dafs sich etwas wie ein Wunder Mosis ereignet habe[3]. Von den Schicksalen der Ostprovinzen wird noch weiter zu erzählen sein. Während aber Ebbe war in den militärischen Kassen, und die Steuererhebung an Unternehmer vergeben ward, die einen furchtbaren Druck auf die „Mächtigen" übten, war in der Zivilverwaltung alle Gelegenheit, reich zu werden. Es kam allmählich in Mode, dafs man bei Regierungswechseln den grofsen Leuten des früheren Regiments den

---

[1] Scriptores historiae Augustae, vita Probi c. 23 quae felicitas!
[2] Skylitzes 652.
[3] Psellos 268, für ihn ein starkes Stück. Im übrigen Skylitzes 656. Michael Attal. 85 f. hat das Wunderhafte getilgt. Zonaras IV 199.

III. Das Reich im elften Jahrhundert. 81

Prozefs machte und ihr Vermögen konfiszierte. Von einem dieser unglücklichen Glücklichen wird berichtet, dafs er deportiert und peinlich befragt, wo er seine Schätze verborgen habe, unter der Folter seinen Geist aufgab [1]. Man mufste sich beeilen, reich zu werden, und nicht weniger, das Erworbene in Sicherheit zu bringen.

Der Wechsel und die Hast dieses Zustandes, die Gier, den Augenblick auszunützen, erzeugten in der Hauptstadt einen Rausch und eine trügerisch unheimliche Blüte, von der in der Litteratur ein Schimmer übrig ist. Aus dem Dunst der Studierstuben und Schulen, aus der konventionellen Dutzendrhetorik des offiziellen Stils, über das Auf und Ab des flutenden hauptstädtischen Lebens und angezogen von seinen Lockungen für jede Begabung und Ambition erhob sich ein Mann, in dem die Neigungen und Stimmungen dieses Ortes und Zeitalters, alle Kühnheit und alle Verblendung der vorhandenen Kräfte Fleisch und Blut gewannen. In den Vorzügen und in den verhängnisvollen Eigenschaften ist ohne alle Frage Psellos der Mann der Zeit. Das goldene Zeitalter, dessen sich die Hauptstadt, wenn man auf die Litteraten hört, erfreute, knüpft an seinen Namen.

Michael Psellos würde als Schriftsteller [2] einen Weltruf geniefsen, wie einer von den grofsen Humanisten der

---

[1] Zonaras IV 231 f. Novelle des Nikephoros Botaniates bei Zachariae, coll. 4ª nov. 12 c. 2, wozu Michael Attal. 316 ff. Vielleicht war ein Fall, wie ihn Zonaras erzählt, die Veranlassung der Novelle. Dafs man reich wurde im Staatsdienst, zeigt auch das Typikon des Attalioten bei Sathas, Μεσαιωνική Βιβλιοθήκη I.

[2] Eine wie immer vortreffliche Zusammenstellung der Pselloslitteratur bei Krumbacher, Geschichte der byzantinischen Litteratur § 82. Das gröfste Verdienst um Psellos hat der in Venedig lebende griechische Gelehrte Konstantin Sathas, der endlich das Versprechen der französischen Gelehrten des XVII. Jahrhunderts eingelöst und die für die Kenntnis der Persönlichkeit wichtigsten Schriften des Mannes herausgegeben hat. Eine Übersetzung dieser Hauptschriften, sei es ins lateinische oder in eine moderne Sprache, ist bis heute nicht vorhanden, und freilich geben selbst sattelfeste Gräzisten zu, dafs das Griechisch des Psellos schwer zu übersetzen ist. Neuigkeiten über Psellos bringt fast jeder Band der

italienischen Renaissance, hätte nicht ein neidisches Geschick seine bezeichnendsten Werke bis vor kurzem in den handschriftlichen Bänden der Bibliotheken verborgen gehalten. Als Mensch gehört er zu den merkwürdigsten von den Persönlichkeiten, die Seelen aus verschiedenen Zeitaltern und Kulturen in sich tragen. Als Politiker hat er eine unheilvolle Rolle gespielt, die der Geschichte angehört.

In der Welt des Islam gab man denen, die den ganzen Koran auswendig wufsten, den Ehrentitel Hafis. Bei uns im Abendland, zumal in den protestantischen Bereichen, hat es nicht an solchen gefehlt, die jedes Wort der Bibel im Gedächtnis trugen[1]: so hatte Psellos, schon als junger Mensch, die ganze Ilias studiert. Der geistige Gehalt der klassischen Litteratur wie ihre Sprache fanden in ihm eine empfängliche Seele. Wie man auch in Byzanz über diese Neigungen und ihre Gefahren dachte, er klammerte sich an das Vorbild des grofsen, heiligen (und in dem einen Punkt doch so liberalen) Basilios. Als seine Mutter starb, eine fromme Frau, erschien sie ihm nachts im Traum. Es war ihm, als führe sie ihn in eine Kirche. Er sah den heiligen Basilios darin stehen und in einer Schrift lesen. Wie Psellos sich ihm zu nähern meinte, machte er das Buch zu und verschwand mit Donnerton[2]. Aber über seine Skrupel und die Bedenken der Freunde gingen seine Studien fort. Er lernte die Philosophen kennen und die Theologen, und man sollte denken, dafs der Neuplatonismus ihn wie andere in dieser Lage wenn nicht befriedigt, so doch beschwichtigt hätte. Man liest eine Äufserung, in der er die Lehre des Proklos, dieses Scholastikers des Hellenismus, als den Hafen bezeichnet, in dem er das tiefe Verständnis und den Frieden gefunden habe. Aber so sehr die Spuren dieses Systems in seinen Gedanken und in seinem Ausdruck haften

---

Revue des études grecques und der anderen Journale. Einen Essai über diesen merkwürdigen Mann wage ich hier. Für eine Monographie ist die Zeit noch nicht gekommen.

[1] Man sehe die schöne Stelle bei Goethe, in den Noten zum Diwan unter Hafis.

[2] Grabrede auf die Mutter. Sathas, Μεσαιωνικὴ Βιβλιοθήκη V 53.

geblieben sind, der starke Zusatz von Mystik sagte diesem hellen Kopf nicht zu; er grub tiefer, bis er — und das hat er selbst als sein Hauptverdienst in Anspruch genommen — die Quellen fand und zu Platon gelangte. Der reine Strom des Idealismus zog diesen geistig so sensibeln Sinn mächtig an, der eine Abneigung empfand gegen die Grübeleien der aristotelischen Metaphysik; von hier fand er eine einfachere und kürzere Brücke zur evangelischen Lehre, und es hat nichts konventionelles und geheucheltes, wenn er sagt, dafs er durch das hellenische Thal zur christlichen Höhe gelangt sei. Die Gedanken Platons beherrschten ihn völlig; er suchte und fand sie immanent wieder in der ganzen hellenischen Litteratur. Wenn er in der Odyssee las von der Grotte am Strand von Ithaka:

„Drin auch strecken sich lang Webstühle von Stein, wo die Nymphen Schöne Gewand' aufziehn, meerpurpurne, Wunder dem Anblick",

so erschienen ihm die Nymphen als die Seelen, die den Körper weben[1]. Durch eine Wahlverwandtschaft zu dieser feinen, aristokratisch-geistigen Stimmung gezogen, die er bei Platon wie in den Evangelien liebte, ward er zugleich durch eine sinnliche Beanlagung von den Poeten ergriffen, die ihm die Wahrheit in schönen Bildern und Verhüllungen offenbarten. Sein idealisierender Philhellenismus schuf sich eine Welt nach seinem Bedürfnis und Geschmack. Man findet z. B., dafs er dem Aristophanes, der ihm ordinär und burlesk schien, den feineren Menander vorzog. Wie alle Romantiker sah Psellos von der Vergangenheit nur, was seine Phantasie suchte; seine Schwärmerei für Athen und seine Erinnerungen, die Helden und Philosophen, die Hallen und Schlachtfelder hat etwas ergreifendes[2]; er konnte nicht anders als begeisternd wirken, wenn er in der hergestellten Universität von Konstantinopel die Klassiker erklärte. In seinen

---

[1] Sathas V 479, ep. 188.

[2] Gerade aus den Übertreibungen seiner Phantasie möchte man schliefsen, dafs Psellos nie in Athen gewesen ist. Gregorovius, Gesch. der Stadt Athen I 182 in einer höchst oberflächlichen Charakteristik des Psellos ist vom Gegenteil überzeugt.

Augen waren die Hellenen Propheten, die wie die des alten Bundes dem kommenden Christentum dienten. Andere hatten vor ihm durch Belesenheit in den Alten geglänzt; sie gaben die Tradition der Schule, den ganzen Bestand von Geschichten und Phrasen weiter. Manche berauschten ihre entzündliche Phantasie an den alten Bildern und Ideen; aber sie liefsen andere kalt, und man glaubte ihnen nicht. Bei Psellos safs die Liebe zum Altertum in den Sinnen. Unter so viel langweiligen und trockenen Köpfen der byzantinischen Litteratur steht er einsam als ein Stück Natur. Noch einmal ward einem Menschen gegeben, den ganzen Zauber des herrlichen Instruments der griechischen Sprache vollauf zu empfinden. In ihm erstand ein Schriftsteller wieder, der ebensoviel Interesse einflöfst durch das, was er zu sagen hat als durch die Art, wie er es zu sagen weifs, ein Künstler, der etwas anderes bietet als die abgeleierten Passagen und Griffe.

Freilich darf man eines nicht übersehen. Einfach zu schreiben, ist für einen Epigonen fast unmöglich, zumal in einer Sprache, die des Nährbodens des lebendig gesprochenen Wortes beraubt ist und nur an den Schriftdenkmälern sich fortbildet. Ein klassisches Satzgefüge, das wie die Falten einer schönen Gewandstatue sich schmiegt und verläuft, war so wenig mehr möglich wie eine plastische Figur. Auch war Psellos etwas zu viel Philologe, um gut zu schreiben; er handhabt die Sprache zu bewufst. Aber ein frischlebendiger, origineller Geist fährt durch seine Sätze und giebt ihnen Pointen, die den Leser bei Athem halten[1]. Sein Ausdruck ist keine verblasste Übersetzung des Gedankens, freilich auch keine Naturform desselben wie im klassischen Stil, aber immerhin eine natürliche Form — Vor den Gefahren der leeren Rhetorik, dieser schlimmen Erbschaft des späteren Altertums, bewahrt ihn häufig die Gabe der Beobachtung und konkreten Anschauung; wer auf seine Beschreibungen achtet oder auf seine Gleichnisse, wird eine Naturalistik darin finden

---

[1] Leo Allatius, der in litterarischen Dingen Urteil hat, bemerkt: ausim dicere, neminem ea vel subsequente aetate Graeca vel invenisse acrius vel ordinasse aptius vel locutum eloquentius (de Psellis bei Migne, Patrologiae series graeca, B. 122, 498).

voller Lebendigkeit und Schärfe. Man würde sich durch den rücksichtslosen Cynismus dieses Stils fast verletzt fühlen, wenn er nicht so erquickend wäre inmitten der Übermenge leerer byzantinischer Geschwätzigkeit. Dieses Zeitalter hatte einen Überschuſs an Geist; die Fülle des Wissens und die behende Kombination erzeugten ein schillerndes Hin und Her zwischen Gegenstand, Bild und Abstraktion; die Allegorie stand in Blüte. Psellos Homer allegorisch erklären zu hören, versetzt in eine Spannung wie Rätsel raten oder einem Zauberkünstler auf die Finger sehen. Bei den Eingangsversen des vierten Gesanges der Ilias:
„Aber die Götter um Zeus ratschlageten all' in Versammlung,
Sitzend auf goldener Flur; sie durchwandelt die liebliche Hebe,
Nektar umher einschenkend; und jen' aus goldenen Bechern
Tranken sich zu einander und schaueten nieder auf Troja"
kommen ihm diese (platonisierenden) Gedanken. Zeus kommt von Zoë (Leben): „ich bin die Wahrheit und das Leben". Der goldene Boden ist eine der Himmelssphären. Hebe ist das unvergängliche, die Substanz; sie hat kein „war" und kein „wird sein"; Nektar ist das Heil, der Genuſs der Anschauung des Göttlichen Troja ist die irdische Welt, die die geistige Schönheit verachtet und in den Banden der sinnlichen Schönheit (Helena) liegt. Und so fort. Dies ist weder poetisch, noch neu. Die Stoiker hatten solche Deutungen geliebt, und von den Neuplatonikern nennt Psellos selbst den Porphyrios. Schlieſslich übernahm er die Manier von seinem Lehrer, von dem er rühmt, wie tief er in die „Geheimnisse des Homer" eingedrungen sei [1]. Niemand wird denken, daſs Psellos an diese seine Weisheit glaubte; es ist ein Spiel der Phantasie mit etwas Augurnlächeln gemengt.

Psellos bekleidete unter Konstantin IX. eine Stellung im Staat und bei Hof. Aber sein Sinn war nicht, einem engen Beruf anzugehören und anderen zu dienen, sondern frei zu sein als ein Humanist; die Genuſsfähigkeit durch Bildung steigern, das Leben auskosten, wo es immer in Genuſs umzusetzen ist, so

---

[1] Annuaire de l'association pour l'encouragement des études grecques 1875, IX 187 ff. (Sathas), die zweite Allegorie.

war die Losung seines Daseins. Er hatte heidnisches Hellenenblut in seinen Adern. Die Wollust der Studien hat er gekostet, sein Wissen ging über alle Gebiete; er war der geistreiche Dilettant in allen Künsten, der nachmals die Sehnsucht der Renaissance ward. Der Philosoph von heute wird morgen Mediziner und übermorgen Militär. Am Krankenbett des Kaisers stellte er gegen den Leibarzt seine eigene Diagnose und den Militärs hielt er Vorlesung über die richtige Taktik. Er wuſste über die musikalischen Intervalle, über Quint und Oktav, so gewandt zu schreiben wie über Alchimie oder das Weltende. Vielleicht hatte er in seinem und dem folgenden Jahrhundert in der ganzen Welt nicht seines gleichen. Wenn er in einzelnen Gebieten übertroffen wird — wie ihn denn die Romantik der neulateinischen Poesie in dem Frankreich des zwölften Jahrhunderts, ein Hildebert von Lavardin an Tiefe der Empfindung überragt, so kann in der Totalität der Erscheinung höchstens der Engländer Johann von Salisbury neben ihm genannt werden. In Byzanz selbst war er ein Gegenstand des Staunens. Wie dem toten Vergil im Abendland traute man hier dem lebenden Psellos übernatürliches Wissen zu; man glaubte, daſs er die Zukunft kenne[1]. Sollten aber einem solchen Menschen nicht auch einmal Zweifel kommen und Gedanken über die Vanitas seines Wissens und Wissensdünkels?

Sei es, daſs ihm etwas fehlschlug oder daſs er einige Witterung politischer Dinge besaſs, er verlieſs den Hof und zog das Mönchsgewand an. Südlich vom Marmarameer sieht man ein blaues Gebirg ragen, den mysischen Olymp, längst die Zuflucht weltmüder Gottesdiener. Hierher zog sich Psellos zurück. Sein erster Eindruck war dieser.

Er glaubt in das Paradies versetzt zu sein. Aber kein Engel mit feurigem Schwert steht vor dem Eingang; alles ist offen und rauscht von goldenen Strömen. Oder ist es die elysische Wiese der Hellenen, auf der die seligen Geister wandeln? Platanen und Cypressen ragen zum Himmel und rauschen mit den Wipfeln; der Sang der Vögel tönt aus den Myrthen- und

---

[1] Sathas, Bibl. IV 204.

Mastixbüschen. Überall sprudeln Quellen, dafs es ringsum grünt und blüht; Herden weiden, und die Tiere des Waldes sind zahm und nähern sich traulich den Menschen; denn niemand jagt sie. Stille Grotten öffnen sich der Betrachtung; heiliger Schatten, den nur die Sprache Platons Worte fände, zu besingen! Auf Bergeshöhe sind geweihte Stätten gebaut, und andere in Schluchteinsamkeit, wie die verlangende Seele sie suchen mag. Es sind Klöster, in denen alles gemeinsam ist, und man speist an gemeinschaftlicher Tafel; andere, in denen jeder für sich lebt; nur der Gottesdienst ruft zusammen. Wieder andere haben strenges Einsiedlerleben. Hier wird keine Handarbeit gethan: die Bewohner dieser Stätten denken nur an Gott und die Vereinigung mit ihm. Man lebt unter Engeln, und geniefst die Seligkeit[1].

Psellos wäre nicht der grofse Anempfinder, wenn sich nicht in dem übersättigten Hauptstädter so tief und lebendig das Naturgefühl geregt hätte. Es wurde ihm ganz idyllisch und bukolisch zu Mut. Eine Weile bemüht er sich, diese Stimmung festzuhalten; auch die mystischen Freuden genofs er, sich in Geist verwandelt zu glauben und Gott ähnlich zu sein. Aber selbst in die feierliche Ruhe der Natur verfolgten ihn Gedanken und Zweifel, ob dies seine Bestimmung sei und ob er für solchen „höchsten Adlerflug" Beruf habe. Sollte eine vorübergehende Stimmung und Anwandlung Macht haben, sein Naturell zu ändern? Im Grund hatte er nur ein ästhetisches Verhältnis zu den Dingen, die ihn da bezaubert hatten. In seinen Memoiren begeistert er sich wohl dafür, wie einmal ein Kaiser die Lumpen frommer Asketen anzieht und sein Gesicht auf die Schwären armer Kranker legt. Diese Dinge machten ihm Eindruck, weil ihm selbst die Gnade solcher Demut abging. Die Süfsigkeit andächtigen Ergriffenseins genofs dieser Feinschmecker; fromm war er nicht. Das Imperative gewisser Gedanken glitt an ihm ab; von der ungeheuren Seelenenergie eines Augustin, dem aus der Entzückung stiller Stunden und aus schmerzlichen Kämpfen

---

[1] In der Grabrede auf Xiphilin, Sathas IV 438 u. 442 ff.; ich habe fast wörtlich übersetzt.

die heilige Kraft erwuchs zur Liebe und zum Dienen, war er um eine Welt entfernt.

Die Sirenen der Hauptstadt und des Hofes [1] lockten ihn. Warum sollte er sein Pfund vergraben? Auch die Einsamkeit ist ein Ort der Versuchung. Wenn man sieht, mit welchen Farben er später den Hof Konstantins IX. geschildert hat, fühlt man, wie tief diese Bilder seinen Sinnen eingebrannt waren. Es konnte nicht anders sein, als dafs ihn die Erinnerung mit brennendem Reiz umschwebte. Wie die beiden Kaiserinnen, die Schwestern Zoë und Theodora zum erstenmal sich herbeilassen mufsten, öffentlich mit der Courtisane des Kaisers sich zu zeigen, und wie einer von den Hofleuten beim Anblick der schönen Frau nur zwei Worte aus der Ilias zitierte, $o\dot{v}$ $\nu\acute{\epsilon}\mu\epsilon\sigma\iota\varsigma$, und alle ihn verstanden! Er hatte auf die Szene angespielt, wo die troischen Greise, auf dem Thurm des skäischen Thores um Priamos sitzend, Helena kommen sehen; einer, vom Anblick getroffen, bricht aus in die „geflügelten" Worte: bei Gott, kein Wunder ($o\dot{v}$ $\nu\acute{\epsilon}\mu\epsilon\sigma\iota\varsigma$), dafs um ein solches Weib Troer und Griechen „so lang ausharren im Elend". Am Hof kannte man doch noch mehr als Adam und Eva. Dann die Erscheinung jener Alanenprinzessin, der letzten Freundin des Kaisers, in die der Hauptspafsmacher des Hofes sich verliebte, dafs er aus Eifersucht fast den Kaiser ermordet hätte. Unter den vielen dunkelfarbenen Byzantinerinnen stach ihr blendend weifser Teint heraus; um den Arm trug sie goldene Schlangen als Reife. Perlenschmuck und Perlengehänge an den Ohren, um Haupt und Hals; um die Hüften einen goldenen Gürtel und eine Perlenschnur. Eine zirkassische Haremsschönheit. Sie hatte eine Leibgarde wie die Kaiserin selbst.

Psellos war aufgewachsen in der für manchen gefährlichen Einsamkeit der Studien; nachher kam er in die Luft der Gerichts- und Amtsstuben und ward geschult in ihren Intriguen [2]. Darnach ward er Professor und kostete die Souveränetät des Katheders. Da man am Hof eine gute Feder und Bonmots zu

---

[1] Der Vergleich ist von Psellos.
[2] Man sehe den Brief, den Rhodius, Beiträge zur Lebensgeschichte des Psellos (Plauener Programm 1892 S. 3) hervorgezogen hat.

III. Das Reich im elften Jahrhundert.

schätzen wuſste, fand er Zutritt zum Kaiserpalast. Es war mehr in ihm, was hier befriedigt wurde, als die menschliche Durchschnittseitelkeit. Gewiſs wurde am Hof seine seltene Gabe der Konversation und Causerie am besten gewürdigt, und er mochte geschmeichelt sein, das Publikum zu finden, das ihn verstand. Aber noch etwas anderes, ein tieferes Bedürfnis fand hier Nahrung und Sättigung. Von allen Studien, die diesen vielgewandten Geist beschäftigt haben, blieb ihm der Mensch das interessanteste. Welches unvergleichliche Feld der Beobachtung psychologischer Phänomene bot ihm aber der Hof. Es zog ihn in diese Sphäre, wo Wille und Vermögen weniger gehemmt sind, wo in verwickelten Verhältnissen die Charaktere merkwürdiger und reicher sich entfalten, gleichwie in andern Zeiten Corneille und Racine für die Leidenschaften ihrer Tragödien freie Bahn nur auf den Höhen menschlichen Daseins gefunden haben. Hier traf das Menschen-Studium des Psellos den Stoff, den er brauchte. Nicht die Überraschungen des Lebens reizten ihn, das wirre Detail der Ereignisse; er wollte ihre Wurzel kennen, die Charaktere der Menschen. Nirgends besser als in seinen Memoiren sieht man diesen Geist des Analytikers, dem der umständliche Einzelverlauf der Geschichte gleichgültig bleibt, sofern er in die Seele der handelnden Personen eingedrungen zu sein glaubt [1]. Von der Kehrseite dieses Triebes, von der Gefahr des Klatsches und der Médisance konnte er freilich auch nicht ganz bewahrt bleiben.

Im Rock des Geistlichen kam Psellos an den Hof zurück. Ein Mönch sandte diesem Heiden und Satan ein paar satirische Verse nach: ein Jupiter könne keinen Olymp bewohnen, auf dem die Göttinnen fehlen. Er war jetzt am Hof eine Erscheinung wie einer jener weltläufigen und witzigen Abbés der französischen Gesellschaft des vorigen Jahrhunderts, die Dauphins und Prinzen erzogen. Er glaubte, der Cortigiano von Beruf zu sein und kritisierte die eckigen Manieren von Ministern, die nicht die Kulturhöhe und den Schliff des Attaché

---

[1] Dieser Zug an Psellos ist von einigen alten und neuen Beurteilern gründlich verkannt worden.

besaſsen [1]. Es fehlte ihm nicht an Beförderung; über Kaiser Konstantin X. Dukas bemerkt er herablassend: wir bewunderten einander. Man möchte sein Porträt kennen; ob er dem Bild glich mit den sinnlichen Lippen und dem wohlgepflegten Bart, das Tizian mit dem schmeichelnden Pomp seines Pinsels von Aretin malte? Er stieg immer höher, sehr hoch. Aus dem homme de lettres, mit dem sich die Hofgesellschaft unterhielt, war ein Politiker geworden. Die Schwelgerei geistiger Genüsse hatte er durchlebt; jetzt lernte er die Macht kennen und ihre Versuchungen.

Diese Phase des Lebens hat ihm den Ruhm geschmälert; er hat groſse Sünden begangen, und die Vorwürfe sind ihm nicht erspart geblieben, gleich und später. Es sind viele verdiente, aber auch unverdiente. Will man sich vor befangener Auffassung und vor Banalitäten hüten, so muſs man bei den Dingen, um die es sich hier handelt, wohl unterscheiden.

Ein wahres Talent ist auf seinem eigenen Gebiet, wo die natürliche Empfindung wirkt, allemal aufrichtig. Als Psellos Schriftsteller wurde, fand er in der Litteratur neben einander gelehrte Werke von verwahrloster Form und ungelehrte mit seichtem, elegantem Geschwätz. Sein Ehrgeiz war, gesättigtes Wissen mit formaler Vollendung zu vereinigen. Das Ineinander dieser beiden Dinge ist das künstlerische Kriterium. Psellos war ein Künstler. Er hatte die Neigungen und Abneigungen eines solchen und sprach sie frei aus. Er haſste z. B. die Mönche, nicht als eine Masse virorum obscurorum, sondern weil so vieles, was er an ihnen sah, ihm den widerlichen Eindruck von Heuchelei machte. Er wenigstens wollte nicht besser s c h e i n e n als er war, und hatte die Ehrlichkeit, über seinen geringen Beruf zur Heiligkeit weder sich noch andere zu täuschen. Als sein Platonismus angegriffen ward, verteidigt er in einem Brief an seinen einstigen Freund, den Patriarchen Xiphilin, seine Liebe für Platon gegen die christliche Eifersucht. Man fühlt diesem ergreifenden Stück an [2], daſs es ihm ans Herz geht.

---

[1] Sehr gute Stelle hist. 202 f.
[2] Ep. 175, incipit: ἐμὸς ὁ Πλάτων. Sathas sagt in der Vorrede zum 5. Band, S. 40 f. schön: ὑπὸ τὸ μοναχικὸν αὐτοῦ ῥάσον σφαδάζει καρδία αὐτόχρημα ἑλληνική.

III. Das Reich im elften Jahrhundert. 91

Hatte er den lebenden Patriarchen nicht gefürchtet, so goſs er über die seltsamen Neigungen seiner orientalisierenden Mystik, da er tot war, allen Sarkasmus aus.

Er hält Wort, in diesen wie in anderen Fällen, und läſst der temperamentvollen Offenheit künstlerischen Empfindens ihren Lauf. Aber Naivetät, künstlerischer Impuls, überhaupt in Byzanz so selten, versagen auch ihm. Nicht daſs man es ihm sehr vorwerfen dürfte, wenn er Mund und Feder den offiziellen Tiraden der Schmeicheleien und Lobreden leiht. Dies war in der Überlieferung der Antike ein litterarisches Genre wie andere (bloſs mit dem Unterschied, daſs wir es nicht mehr verstehen); wer einen Panegyrikus schrieb, lieferte bestellte Arbeit, Gelegenheitsmusik und verkaufte damit nicht seine Seele. Die „rhetorische Verstellung", ein Produkt „verwickelter Zustände" (mit Goethe zu reden) ist nicht so schlimm, daſs sie die sittliche Grundlage notwendig angriffe und zersetzte [1]. Das Leben am Hof lehrte Psellos, seine Zunge zu hüten; er sah sich durch die stärksten Rücksichten gebunden und bekannte sich offen zu dem Satz der Klugen, was man sage, solle wahr sein; aber nicht alles, was wahr sei, solle man sagen. Sofern Unmoral und Feigheit in diesen Grundsätzen der Lebensklugheit steckt, muſs man eher die despotische Regierungsform anklagen als ihre Opfer [2]. Wäre es nur dieses, es stünde besser um den Ruf des Psellos, und er könnte über die Präzeptoren lachen, die, weil sie den Tacitus gelesen haben, die Miene des Totenrichters aufsetzen.

In diesem Menschen, der wohl darauf pochte, daſs er alles, was er war, seinem natürlichen Genie [3] danke und der

---

[1] Dieses psychologisch nicht ganz einfache Problem habe ich früher in der Einleitung meiner „Griechischen Geschichtsschreiber etc." berührt. Das Verhältnis von Convention und Subjektivität ist von der Antike zu den neuen Jahrhunderten ein ganz anderes geworden.

[2] Über das Kapitel des Redens und Schweigens im byzantinischen Staat ist es von Interesse, die Weisheit des Kekaumenos zu hören c. 99 n. 100.

[3] Es ist zu bemerken, daſs Psellos für angeborene Gabe das Wort ἀρετή braucht z. B. hist. 122. Schon E. Miller ist das aufgefallen. Journal des savants 1875 p. 23.

kaiserlichen Gnade, der nicht erzogen war und an nichts gewöhnt, safs ein unausrottbarer Bodensatz von Gemeinheit, von der Gemeinheit, die dann um so widerwärtiger ist, wenn sie sich verbirgt unter einer glänzenden Intelligenz, die zu hoch und plötzlich aufgeschossen ist, um die sittlichen Kräfte gleichzeitig zu entfalten und mitzuerziehen[1]. Wenn sich wissenschaftliche und litterarische Gröfse fast ohne Zuthun der Welt entfaltet, so wurde in Psellos durch die Berührung mit den Geschäften der Politik und ihren Leidenschaften ein Bodensatz aufgerührt, der die durchsichtige Klarheit seines natürlich-geistigen Wesens trübte. Er bewegte sich in der Welt des Handelns unreif, charakterlos, mit einer durch keinerlei Erziehung gemäfsigten Bösartigkeit. Neben dem Künstlertum und dem grenzenlosen Wissen des Gelehrten erschien wie ein unheimliches Doppelwesen in ihm der Geschäftsjournalist, der weifs, dafs seine Feder eine Waffe ist, und der sie verkauft. Als Isaak Komnenos vom General Kaiser wurde, behandelte er Psellos wie eine Macht und erhob ihn zum Ehrenpräsidenten des Senats. Es fehlte doch nicht unter den Senatoren an solchen, die die Verachtung, welche der Militärkaiser ihrem Stand durch diese Ernennung bewies, empfanden. Es ist bezeichnend für Psellos, wie er sich gegen die unverhohlenen Äufserungen des Unwillens der stolzen Senatoren verhielt. An einen von ihnen schrieb er: in seinen Memoiren habe er ihm einen guten Platz gegeben; ob er das Lob nun ausstreichen solle? Die gleiche Drohung richtete er bei Gelegenheit an den Patriarchen: er werde eine Geschichte schreiben, und sein Buch werde durch die Welt gehen[2]. So war nun dieser Mensch; mit seiner Waffe, der Feder, ein Held und ein Räuber; das feinste Spiel des Witzes und das vulgärste Geschimpf kam aus einem Mund. Die flegelhafte Grobheit und Schmähsucht unserer Mönchsschriftsteller in den Zeiten des Investiturstreites hat etwas wie ein erquickender Platzregen neben diesen Registern der raffi-

---

[1] Goethe: Alles, was unsern Geist befreit, ohne uns die Herrschaft über uns selbst zu geben, ist verderblich.

[2] Ep. 108 (Sathas V 352) u. 207 (V 513).

III. Das Reich im elften Jahrhundert.

nierten Beleidigung, des Hohnes, der skrupellosen Frivolität, die in griechischer Sprache erklingen [1]. Dafs ein so frivoler Virtuos und ein so frecher politischer Dilettant schlechte Politik gemacht hat, nicht das ist zu verwundern; das Seltsame der Zeit und der Zustände war, dafs er überhaupt mitzureden und Politik zu machen wagen durfte. Er genofs an diesem Hof der Dukas ein aufserordentliches Ansehen; durch eine vornehme Heirat stand er der Kaiserfamilie nahe; von Konstantin X. wurde er zum Erzieher seines Sohnes bestellt. Wenn man die Bäume an ihren Früchten erkennt, so mag es von Interesse sein, zum Schlufs diesen Psellosschüler zu sehen, wie er aus den Händen seines Meisters hervorging. Der junge Prinz war ein schüchterner Mensch, der leicht rot wurde; er fand Gefallen an den stillen Freuden der Studierstube und hatte Spafs an schönen Sentenzen und Zitaten; bald verstand er mit Naturforschern, mit Rhetoren und Philosophen, mit jedem über sein Fach zu reden. Als er später zur Regierung kam, schrieb man von ihm: er skandiert Jamben und Anapäste und ruiniert mit seinem Zeitvertreib die Welt. Er blieb den Geschäften fern und liefs andere regieren, die Schmach auf seinen Namen gehäuft haben [2]. Es war kein zufälliges Zusammentreffen: das Reich erlitt seinen furchtbarsten Verlust an Macht und Ansehen, während die Hauptstadt und der Hof bewundernd zu den Füfsen eines Psellos lag.

Die Karikatur des platonischen Idealstaates endete damit, dafs der Philosophenschüler vom Throne herabstieg und Erzbischof von Ephesus wurde.

Orgien dieser Art kehren periodisch wieder in der byzantinischen Geschichte. Immer aber folgte eine Reaktion

---

[1] Nicht zu übersehen sind die Bemerkungen von Krumbacher, Geschichte der byzantinischen Litteratur 325 f. Sathas, πρόλογος V 19 finde ich zu euphemistisch mit der Bemerkung: ἡ γλῶσσα τοῦ Ψελλοῦ εἶχε παράδοξον ἐλαστικότητα.

[2] Das Politische wird das nächste Kapitel im Zusammenhange vortragen.

gegen diesen Hexensabbath, in dem sich hauptstädtische Überhebung und Genufssucht, höfische Borniertheit und Humanistenfrivolität vereinigten. Das Unterscheidende des gegenwärtigen Augenblicks war, dafs der Übermut und Leichtsinn einer siegreichen Partei, die den schwachen Monarchen mit fortrifs, diesesmal die Festsetzung der Türken in Kleinasien und damit den Untergang einer Kultur verschuldete, die, durch die Eroberungen Alexanders des Grofsen begründet, vierzehn Jahrhunderte bestanden hatte.

IV.
Türken und Normannen.

Allgemeiner Charakter der Verluste im Osten und Westen. — Frühere Beziehungen des Reichs zu russischen und skandinavischen Normannen. — Normannische Eroberung Süditaliens. — Die Türken in Mittelasien. — Ihre Angriffe auf das Reich. — Zustand der Provinzen. — Versuch und Schicksal Kaiser Romanos' IV. — Söldnerpolitik in Kleinasien. — Zerfall. — Charakter des Besitzüberganges an die Türken. — Stimmungen und Aussichten. —

Wenn das byzantinische Reich inmitten der bunten mittelalterlichen Welt immer noch eine Hochburg antiker Überlieferungen war, so schien es doch in der zweiten Hälfte des elften Jahrhunderts dicht vor die Gefahr gerückt, von dem Anfluten der Kräfte einer ringsum veränderten Welt fortgerissen zu werden. Der Orbis Romanus bedeutete immer diejenige Ländermasse, die eingefaſst mit Deich und Wall gegen den Ansturm der Völkerwanderung Ruhe genoſs. Nachdem auf allen Seiten der Wall gebrochen, und das römische Land von Barbaren besetzt war, wurde die Grenzwehr zwar zurückgeschoben, aber immer neu aufgerichtet. Der alte Gegensatz blieb: das Reich war eine Art Burgfriede, jenseits dessen die Welt des Kriegs, die Herrschaft der Faust und gegenüber dem kosmopolitischen Reichsgedanken ein enger Provinzialhorizont bestand. Es war einer der Grundtriebe dieser friedlosen mittelalterlichen Welt, Friede und Sicherheit, die sie als Zustände nicht verwirklichen konnte, räumlich gleich einem Asyl abzugrenzen, und sich so in unendliche Teile zu isolieren. Kleinstaaterei ist Mittelalter. Es ist ein neuer Akt im Kampf zwischen Altertum und Mittelalter, dafs es der Völkerwanderung wieder einmal gelang, ein Stück Orbis abzureifsen und der Kleinstaaterei zu überliefern. Dieser lange Prozefs, der erst mit dem vierten Kreuzzug und der Eroberung von Konstantinopel durch die Abendländer im Sinne des Mittelalters entschieden wurde, erhält dadurch ein besonderes Gepräge, dafs mit den zerstörenden Kräften der Flut von aufsen sich ein Abbröckeln von innen her verband, das der Auflösung Vorschub leistete. Die zentrifugalen Triebe im Reich dürfen nicht übersehen werden. Die Geschichte des Verlustes von Süditalien und dem Zentrum von Kleinasien bieten an sich nichts neues und kein Problem, das nicht in gleicher Weise in alten Zeiten beim Verlust Galliens und jeder andern Provinz zu beobachten wäre. Diese Geschehnisse zeigen einen Verlauf von immer wiederkehrender Regelmäfsigkeit. Feindliche Einfälle barbarischer Nachbarn suchen die Provinz heim; sie verheeren das offene Land und lassen die Städte noch unberührt. Die Zentralregierung ist nicht in der Lage, das Land zu schützen. Die steigende Not des Ackerbaus, die Unsicherheit der Verkehrswege droht die Städte (soweit sie nicht am Meer liegen) auszuhungern. Indem der Krieg zugleich die Steuern steigert, entsteht der Gedanke, die Verteidigung selbst in die Hand zu nehmen, und, damit die Steuern zum Nutzen des Landes verwendet werden, die Bande des Reiches zu lockern. Usurpationen treten auf, ein Gegenkaisertum, worin sich das politische Sonderinteresse der Provinz ausspricht. Aber diese Versuche werden von der Regierung niedergeschlagen. Unter dem steigenden Doppeldruck von innen und aufsen vor die harte Wahl gestellt, trifft die Mehrheit des Landes auf Grund einer nüchternen Rechnung ihre Entscheidung: es ist das kleinere Übel, sich mit den Barbaren abzufinden; das Ruhebedürfnis der Provinzialen und die Kolonisation der Fremden schaffen das neue Staatsgebilde.

Diese Schilderung, wie sie auf das alte Gallien pafst, so giebt sie auch ungefähr die Geschichte Apuliens und Kleinasiens

IV. Türken und Normannen.

im elften Jahrhundert. Rebellionen und Angriffe von aufsen greifen ineinander. Auch wäre es sehr verkehrt, zu glauben, Türken und Normannen seien gefährlichere Feinde gewesen, als die der alten Zeiten. Was war gegen die Wucht gotischer und langobardischer Volkskraft diese Handvoll normannischer Conquistadoren, und gegen die leidenschaftliche Flut des alten Islam die Gelegenheitspolitik einiger seldschukischen Kondottieri? Wollte man ihre Bedeutung übertreiben, so machte man sich zweier Fehler schuldig: man würde ihnen zu viel Ehre erweisen und zugleich das byzantinische Reich entschuldigen, das im Kampfe unterlag. Diese Völker waren den Griechen nicht einmal neu und dadurch schreckhafter wie einst die Hunnen; man kannte sie längst, und die Geschichte ihrer Beziehungen zu Byzanz reicht weit zurück.

Nordleute aus Skandinavien waren seit der Gründung des normannischen Russenstaates im neunten Jahrhundert keine seltene Erscheinung mehr am Bosporus. Erst kamen sie als Feinde und erfuhren die Überlegenheit der militärischen Kunst der Griechen, als ihre Haut durch das griechische Feuer verbrannt wurde; darnach als Handelsleute, ohne dafs darum die kriegerischen Angriffe ganz aufhörten. Sie hatten ihr besonderes Absteigequartier in Zarigrad, wie bei den Slaven die Kaiserstadt hiefs, und standen, so lange sie ihre Kaufmannsgeschäfte trieben, unter anhaltender Polizeiaufsicht. Mit ihren riesigen Einbäumen, wie sie an der bulgarischen Küste des Schwarzen Meeres dahergefahren kamen, erregten sie im zehnten Jahrhundert besondere Neugier. Man wufste, dafs ihnen im Winter die unterjochten Slaven die grofsen Bäume fällen und nach Kiew flöfsen mufsten; dann im Juni, wenn die Schneeschmelze Grofswasser brachte, fuhren sie den Dnjepr hinunter. Die sieben Stromschnellen, die zu überwinden waren, da wo der Flufs sich Bahn bricht durch die Granitflächen, die von den Karpathen herüberziehen, erhielten von diesen Wikingern zu den slavischen Namen skandinavische[1]. Waren die Fälle passiert,

---

[1] Die grofse Rolle, die diese von Konstantin, de admin. imp. 77 ff. überlieferten Doppelbezeichnungen in der Frage über die Herkunft der

so wurde auf einer Insel im Strom ein Dankopfer dargebracht. Hier stand ein riesiger Eichbaum; mit Pfeilen wurde eine kreisförmige Opferstätte abgesteckt, und lebendes Vogelwild geweiht; dann ward das Los geworfen, ob man die Tiere fliegen lassen solle oder sie töten und verzehren dürfe. Zu dem eigenen Heidenbrauch nahmen die Normannen slavischen an. Ihre Handelsverträge beschworen sie bei den Slavengöttern Perun, dem Donnerer, und Wolos, dem Herdengott. Wenn sie eine Totenfeier hielten, so war sie von blutigen Opfern begleitet. Einem griechischen Berichterstatter, der sie beschreibt, fällt aus der Ilias die Ähnlichkeit mit den Zeremonien bei der Bestattung des Patroklos auf, und er wagt — ein Grieche — die seltsame Vermutung, Achill sei selbst vom Stamm der Russen gewesen; die ganze Beschreibung, die Homer von ihm gebe, verrate die Rassenmerkmale jenes Volkes [1].

Im Lauf des zehnten Jahrhunderts hatten sich so die russischen Normannen langsam slavisiert. In einem ihrer Verträge mit dem Reich von der Mitte des Jahrhunderts begegnen unter etwa siebzig Namen ihrer Fürsten, Gesandten und Kaufleute erst drei slavische. Diese Fürsten von Kiew haben noch ihr militärisches Gefolge, die Druschina, wie die deutschen Fürsten in der Beschreibung des Tacitus und der Heldenlieder und wie noch im elften Jahrhundert ein norwegischer König. Der Zuwachs, der aus der Heimat über das Warägermeer (die Ostsee) kam, wurde mehr als einmal lästig, und man schob, wen man in Kiew los sein wollte, nach Konstantinopel ab [2]. Hier nahm man die schiffskundigen Fremden gern auf; sie bildeten ein besonderes Korps für den Marinedienst. Mancher wurde Christ und verbreitete, wenn er nach Kiew zurückkam, den Samen der Lehre. Im Reiche kamen sie überall herum; auf der Flotte lernten sie wie das Schwarze und Ägäische Meer,

---

Russen gespielt haben, ist aus den Forschungen von Kunik und Thomsen bekannt.

[1] Leon Diak. 149 f. Dazu die Erörterungen von Krek[2], Einleitung in die slavische Litteraturgeschichte 432 ff. und Erw. Rohde, Psyche, über die „Rudimente" des Seelenkults bei Homer.

[2] z. B. Nestor (Léger) 64.

IV. Türken und Normannen.

so die Adria kennen und die südlichen Bereiche von Syrien und Ägypten. Zu Hause in Kiew vermittelten sie den Handel der alten Stammheimat im Norden mit den Grenzen des Islam in Mittelasien [1]. Sie waren überall zu treffen, wo es Abenteuer und Reisen gab, Wallfahrt und Verdienst durch Seeraub oder Krieg. Nicht alle kamen über Rufsland in das Reich; manche kamen aus der alten Heimat selbst; wie im zehnten Jahrhundert die Russengarde auf der Flotte diente, so genofs in der Armee des elften die Warägergarde Ruf [2]; sie vergofs ihr Blut auf den Schlachtfeldern des Reichs wie später die deutschen Regimenter im französischen und venezianischen Dienst. Ihre Waffe, das Warägerbeil, war von den Feinden gefürchtet [3]. Einen grofsen Namen hat in der nordischen Poesie jener norwegische Königssohn Harald, der Bruder des heiligen Olaf, der mit 500 Begleitern nach Konstantinopel kam und unter drei Kaisern diente. Gegen die Sarazenen hat er in Sizilien und gegen die aufständischen Bulgaren am Balkan gekämpft; acht Künste rühmt er sich in einem Lied zu wissen: Dichtkunst (das Meth Odins zu brauen) und Reiten, Schwimmen und Schlittschuhlaufen, Bogenschiefsen und Rudern, das Beste aber von allem, das Schiff zu steuern durch Sturm und Klippen und das Schwert gut schwingen. Kaiser Konstantin IX. will ihn nicht seines Dienstes entlassen; aber er entflieht, besteigt den väter-

---

[1] Kein Geringerer als Gibbon hat für die Stelle de admin. imp. 180: οἱ ʹΡῶς διέρχονται πρός τε τὴν μαύρην Βουλγαρίαν καὶ Χαζαρίαν καὶ Συρίαν die Konjektur Συανίαν (Swanetien) vorgeschlagen (c. 55 n. 55). Ohne Not, wie ich meine. Denn der Sprachgebrauch Konstantins versteht unter dem Wort nicht die Provinz Syrien im antiken Sinn, sondern ganz allgemein Ἀράβων ἀρχή z. B. de adm. 113. 182.

[2] Warangen ist die slavisch nasalierte Form der griechischen Schriftsteller. Russen und Waräger dienen im XI. saec. mit einander im griechischen Sold gegen die italischen Normannen. Kekaumenos c. 78: die griechische Garnison von Otranto besteht aus „ʹΡῶς καὶ Βαράγγους κονταράτους τε καὶ πλωΐμους".

[3] Eine Abbildung dieser Waffe auf einem byzantinischen Bleisiegel hat Schlumberger, Nicéphore Phocas p. 49 veröffentlicht. Sie vereinigt Beil und Bajonett.

IV. Türken und Normannen.

lichen Thron und bewahrt auch in der Ferne „den Römern" Liebe und Treue[1]. Dieser Harald hatte bei dem letzten grofsen Versuch der Byzantiner anf Sizilien unter den Fahnen des Georg Maniakes zugleich mit Normannen aus Frankreich gedient. Neben den Russen und Warägern waren diese sogenannten Franken wieder eine neue Auflage Normannen, mit denen es die Griechen zu thun bekamen. Sie waren von dem Zweig, der noch im nämlichen Jahrhundert England eroberte. Von den gleichen Trieben durch die Welt geführt, wie ihre Volksverwandten, waren sie im Anfang des elften Jahrhunderts nach Süditalien gekommen und hatten alle Aussichten, ihr Glück zu machen.

Die drei ersten Jahrzehnte waren sie im Land, dafs man so sage, Privatleute, die ein Kriegs- und Räubergeschäft betrieben, bald für eigene, bald für fremde Rechnung. Ganz allmählich nahmen sie an Zahl zu durch Nachschub; in den Streitigkeiten der süditalischen Dynasten vermieteten sie ihre Arme dem, der sie eben brauchte und bezahlte; auch fanden sie bald solche Schätzung, dafs die Herren sich im Sold überboten und sie sich gegenseitig ausmieteten. Nachdem der grofse apulische Aufstand gegen die griechische Herrschaft niedergeschlagen war, übernahm der kaiserliche Statthalter normannische Söldner, die den Aufständischen gedient hatten, und siedelte sie als Militärkolonie auf der Grenze des Fürstentums Benevent an. Das war altbyzantinische Praxis, die später Friedrich II. mit seiner Sarazenenkolonie von Lucera nachahmte. Andere Normannen fanden später auf dieselbe Weise jenseits der Grenze ein Unterkommen und bauten sich ein Nest, so dafs es nun, wenn man von geltendem öffentlichem Recht sprechen will, Normannen in Unteritalien gab, welche zur griechischen und andere, welche zur deutschen Sphäre ge-

---

[1] Ἀράλτης βασιλέως Βαραγγίας ἦν υἱός κτλ. So beginnt der einzige historische Bericht, der jetzt vorliegt bei Kekaumenos c. 246; er schweigt von den Thaten im heiligen Land, die Riant, les Scandinaves en terre sainte 123 f. wohl etwas voreilig als historisch erzählt. Wasiljevski im Journal des Ministeriums B. 216. 2. 329—43. Amari, musulmani di Sicilia II 383 ff. Delarc, Normands en Italie 553 ff.

IV. Türken und Normannen.

hörten[1]. Aber es gelang nicht, sie den vorhandenen Interessen anzugliedern und zahm zu machen. Das beste wäre gewesen, sie aus dem Land zu schaffen, da sie eine öffentliche Kalamität bildeten. Nachdem bereits bei der Usurpation des Maniakes seine herrenlos gewordenen normannischen Soldtruppen auf der Balkanhalbinsel in kaiserlichen Dienst übernommen und dann nach Asien geschickt waren, versuchte der Statthalter, auch den Rest abzuschaffen und dahin zu bringen, ihre Streitlust an der Ostgrenze gegen Türken und Ungläubige zu üben. Aber es scheint, dafs das Land in Italien und die Gelegenheit ihnen zu gut gefiel. Während ein Teil ihrer Landsleute auf asiatischem Boden sich einen Namen machte durch Unternehmungen, von denen noch zu reden sein wird, hatten sich die in Süditalien zu einem grofsen Anlauf erkühnt. Nach dem Vorgang derer von der deutschen Seite, die die Lehenshoheit des langobardischen Fürstentums Salerno anerkannt hatten, traten auch die anderen in diese Beziehungen ein, vereinbarten eine national-normannische Politik und gründeten auf Eroberung einen neuen Staat (1042)[2]. Aber man war keineswegs überall bereit, sie als eine öffentliche Macht anzuerkennen, nachdem man so lange gewöhnt war, sie abwechselnd als Söldner und Briganten zu sehen. Es gewann den Anschein, als stehe den Normannen bevor, was man nachmals sizilische Vesper nannte: am Laurentiustag 1051 wurde ihr Herzog Drogo an der

---

[1] Vielleicht entspricht dieser modernste Terminus „Sphäre", den wir aus den afrikanischen Abmachungen kennen, am besten den Thatsachen. Sehr vorsichtig drückt sich über das Verhältnis von Aversa zum deutschen Reich mit Recht Brefslau aus, Jahrb. Konrads II B. II 311 in Übereinstimmung mit F. Hirsch, Forschungen zur deutschen Geschichte VIII 257, jedenfalls richtiger als Delarc, Normands en Italie 85.

[2] Dieses Datum und die Erhebung Wilhelms von Hauteville zum Grafen von Apulien nebst der Vorgeschichte dieser Unternehmung seit 1040 wird doch wohl als die Hauptetappe der normannischen Eroberung von Süditalien zu betrachten sein. Weniger die Gründung von Aversa, die v. Heinemann, Geschichte der Normannen in Unteritalien und Sicilien I 69 epochemachend findet. Auch fällt später der Schwerpunkt durchaus in die südliche normannische Staatsbildung, nicht nach Aversa und Kapua.

Kirchenthür ermordet; ähnliche Attentate fanden an verschiedenen Orten statt. Der Papst und der griechische Statthalter traten zusammen, und es begann ein Krieg. Aber die Normannen waren die Zäheren und Stärkeren; ihre Fortschritte waren nicht mehr aufzuhalten. Schon im zehnten Jahrhundert war es manchmal so, dafs die griechische Macht auf die festen Städte und ummauerten Kastelle beschränkt blieb. Jetzt wurden auch diese bedroht. Die neue Verfassung der normannischen Gründung vermehrte die Stärke dieser Feinde. War es früher eine Anzahl im Rang gleicher und in ihren Interessen nicht selten geteilter adeliger Herren gewesen, die jeder für seinen eigenen Vorteil das Geschäft betrieben, so erhob sich nun eine einzelne Familie an die Spitze und aus ihr um die Mitte des elften Jahrhunderts ein bedeutender Mann, Robert Guiscard.

Eine blendende Gloriole hat seinem Andenken später die Verbindung seines Hauses mit den Kreuzzügen, die Allianz mit Gregor VII. erzeugt; Dante hat ihn mit Gottfried von Bouillon unter die Seligen des Paradieses versetzt. In der Nähe gesehen, verschwinden die romantischen Züge und machen anderen Platz, die seiner historischen Gröfse nichts nehmen. In dreifsigjährigem Kampf wurde Sizilien dem Islam, Unteritalien den Byzantinern entrissen. Ganz aufserordentlich war der Eindruck dieser Normannengestalt, die sich vom Räuberhauptmann, wie er durch Jahrhunderte in jenen Gebieten endemisch war, auswuchs zum Staatengründer. Ein Priester sah ihn im Traum drei Ströme austrinken: zwei waren das Land diesseits und jenseits der Enge von Messina; sollte der dritte das griechische Reich bedeuten über dem Jonischen Meer? Man glaubt kaum, wenn man die Dinge in der Nähe sieht, mit wie kleinen Mitteln diese Erfolge erreicht wurden. Die Streitmacht war nicht grofs, und wie oft wurden die Unternehmungen von heute mit dem gestohlenen Geld von gestern ermöglicht. Den Rest, fast alles, that das erfinderische Genie des Guiscard[1].

---

[1] Amari III 97: comparirà tuttavia prodigioso il valore normanno e credibil solo alla generazione che ha vista l'impresa di Garibaldi in Sicilia. Die Charaktere der beiden Brüder Robert und Roger hat Gibbon in aller Kürze besser erfafst als viele Modernen. (c. 56.)

IV. Türken und Normannen.

Trotzdem wären alle seine Anstrengungen vergeblich gewesen, wenn das Reich die Verteidigung seines Besitzes mit mehr Nachdruck geführt hätte. Das Beste für Guiscard that das Glück, welches in einer Periode gefährlicher Zersetzung im Reich die Türken zu natürlichen Helfern der Normannen machte. War schon in den letzten Zeiten Konstantins IX. der Widerstand des Reiches unkräftig, wie denn die päpstlich-kaiserliche Allianz gegen die Normannen durch Intriguen des Patriarchen von Konstantinopel lahm gelegt wurde[1], so sank der Widerstand zur Ohnmacht herab durch den Zerfall der byzantinischen Armee und die Angriffe der Türken. Das Reich wehrte sich in Italien nur mit der linken Hand. Selbst so trat seine Überlegenheit über die Barbaren glänzend hervor; ein planmäfsiger Angriff machte noch einmal die Herrschaft des Guiscard wanken und führte die grofsen Seeplätze Bari, Otranto, Tarent zum Reich zurück. Aber es war das letzte Aufflackern. Die Normannen schufen sich eine Marine, und jetzt gewannen sie dauerhaften Sieg über die Byzantiner.

Der zweite grofse Anlauf der griechischen Kultur gegen Westen ging zu Ende. Grofsgriechenland war den Römern erlegen. Dann war ein neuer Vorstofs erfolgt unter Justinian; die griechische Herrschaft in Süditalien, die er begründete, gewann eine Dauer von einem halben Jahrtausend. Nicht ohne Ruhm erlag sie jetzt den Normannen[2]. Die Verteidigung von Otranto und Brindisi, vor allem aber von Bari, dessen Blockade und Belagerung fast drei Jahre währte, gehören zu den denkwürdigen Stücken der militärischen Annalen des Reichs.

Dieselbe Veränderung, wie in der Mitte von Südeuropa die Normannen, brachten zur gleichen Zeit in Asien die seldschukischen Türken hervor. Auch sie wuchsen aus kleinen Anfängen ganz allmählich; der Energie einzelner Personen verdankte der Islam einen seiner grofsen Siege. Die Seldschuken waren eine Familie wie das Haus des Roger und Robert Guiscard.

---

[1] Das sogenannte Schisma von 1054 ist durch und durch politischer Natur.
[2] τὸ σεμνότατον τῆς ἀρχῆς μέρος nennt Psellos doch noch Italien!

IV. Türken und Normannen.

Schon im sechsten Jahrhundert fand sich das Perserreich von türkischen Stämmen im Norden bedroht; am Kaukasus wurde vom Perserkönig zum Schutz der Nordwestprovinzen die kaspische Mauer gebaut gegen die Chazaren. Vielleicht hätten sie sich dennoch gegen Süden ausgebreitet, wäre nicht im folgenden Jahrhundert der Gegenstofs der arabischen Völkerwanderung gekommen, der das Perserreich zerstörte. Von da ab grenzten die Türken, die in Mittelasien von der chinesischen Grenze bis zum Kaspischen Meere safsen, mit dem Islam zusammen. Sie waren Heiden, aber allen möglichen religiösen Einflüssen ausgesetzt: den Buddhisten, monophysitischen Christen, dem Islam, Judentum und Parsismus. Wenn sie darnach die politischen Streitigkeiten der islamitischen Staaten als Söldner ausfochten und den Muhammedanismus kennen lernten, wie die Russen in Konstantinopel das griechische Christentum, so hielt doch der islamitische Orbis so gut wie der byzantinische seine Grenzen geschlossen gegen die Barbaren. Ähnlich jener historischen Mauer am Kaukasus kommt in den Legenden der späteren Zeit eine Brücke vor, die, stark befestigt, von den Türken nicht überschritten werden durfte. Doch konnte in keiner der grofsen kriegerischen Unternehmungen im islamitischen Asien ihr Arm entbehrt werden. Darüber ward auch bei den Türken der Islam die herrschende Religion. Als von Gasna im Seitengebiet des oberen Indus die Pässe des Gebirges überschritten wurden, Peschawer besetzt und Indien, das Ziel Alexanders des Grofsen, erobert, waren Türken bereits die Träger der grofsen Propaganda des Islam in der Form des Sunnitismus, und Machmud, der grofse Sultan von Gasna, war selbst ein Mann türkischen Stamms (997—1030). Als seine Fahnen siegreich nach Gasna zurückkehrten, „da leuchtete das Antlitz des Islam, der wahre Glaube zeigte lächelnd seine Zähne, die Brüste der Religion athmeten auf und der Rücken des Götzendienstes ward gebrochen" [1].

Da geschah es aber, dafs, während hier in den Ostmarken das Herz der Religion schlug, und ihre Herrschaft den Ganges

---

[1] Worte eines Zeitgenossen bei Elliot, the history of India II 28.

IV. Türken und Normannen.

hinab vordrang bis nach Benares, die gasnawidischen Statthalter im Norden des Sultanats ihrer Lande nicht mehr Herr blieben. Schon waren in Transoxanien, um Bokhara, türkische Scharen unabhängig geworden gleich den Normannen von Apulien und Aversa; in diesen Wirren setzten sich zwei Enkel Seldschuks, Führer solcher türkischen Scharen, in Chorasan fest im nordöstlichen Persien; jene Brücke wurde aufgethan und immer neue Türken strömten nach und sammelten sich unter den seldschukischen Fahnen. Von hier aus eingreifend in die Streitigkeiten des Kalifats, wurden sie die Herren in Bagdad und führten die Herstellung des Islam durch, vor der die schiitische Ketzerei zurückwich. Mekka und Medina, die bereits dem Fatimidenkalifen in Ägypten gezinst hatten, begannen wieder, ihren Tribut nach Bagdad zu senden. Als der erste Bote erschien und diese Nachricht brachte, verlieh ihm der rechtgläubige Kalif einen Jahrgehalt von zehntausend Denaren. Der dritte Sultan aus der Dynastie Seldschuks, Melikschah, der mit einer Prinzessin von Samarkand vermählt war, herrschte von Jemen in Arabien bis zum Oxus. Als sein Bruder Tutusch dem Herrn von Damaskus gegen ein ägyptisches Heer zu Hülfe zog und die Stadt befreite, fand er, dafs sein Schützling, der ihm die Rettung dankte, beim Einzug in die Stadt ihm nicht weit genug entgegen geritten sei: er liefs ihm den Kopf vor die Füfse legen. Solch ein Herrengefühl war in den Gliedern dieses Hauses[1]. In weniger als einem halben Jahrhundert wurde durch ihr Schwert der Sunnitismus, wie ihn der „heilige Krieg" in Indien festpflanzte, so bis zum Marmarameer getragen. Zumal in der Residenz der Dynastie, in dem glänzenden Nischapur, haben diese Fürsten ein glorreiches Andenken hinterlassen; das Ideal des orientalischen Despotismus ist wie einst in Harun ar Raschid in ihnen verkörpert.

Vielleicht hätte das alles ein Stück Geschichte der islamitischen Welt bleiben können. Freundschaftliche Beziehungen zwischen den Höfen von Bagdad und Konstantinopel hatten oft bestanden; längst hatte man in Konstantinopel eine Moschee für den Gottes-

---
[1] Weil, Gesch. der Kalifen III 126.

dienst sarazenischer Gefangener und Fremder; was war der Unterschied, ob hier im Kanzelgebet nach dem Kalifen die bujidischen Sultane oder die Seldschuken genannt wurden [1]? Mit so vielen Türkenstämmen war man schon fertig geworden, mit Petschenegen, Uzen, Kumanen, alles wilden Barbaren und Heiden; von den Seldschuken durfte man sich vielleicht geringerer Barbarei versehen; sie glaubten doch an eine geoffenbarte Religion; sie rühmten sich, „Buchbesitzer" zu sein, wie die Christen und Juden. Ferner hatte eine alte Erfahrung gelehrt, dafs auch die mächtigsten unter den östlichen Staatsgebilden nach einiger Zeit in Schwäche verfielen; wie viele, die einmal gefährlich waren, hatte das „Römerreich" schon überlebt! So war es eine Schwierigkeit bei den Türken, dafs sich in der Folge der Dynastie die gerade Erbfolge schwer einbürgern wollte; sie hatte einen schweren Stand gegen das alte Herkommen, welches eine Vorberechtigung der Brüder begünstigte. Eben von hier aber erwuchs die erste Gefahr. Indem die Ansprüche der verschiedenen Familienglieder des regierenden Hauses Mifshelligkeiten erzeugten, fand sich in immer weiter greifender Eroberung eine natürliche Ablenkung. Vielleicht aber waren diese Angriffe auf das byzantinische Reich, die vom Zentrum der türkischen Macht aus erfolgten, nicht einmal die gefährlichsten. Andere sind von türkischen Emigranten auf eigene Hand geführt worden, und neben dem grofsen Stofs gegen die Grenzen darf man die Freibeuterpolitik derer nicht übersehen, die genau wie normannische Kondottieri im griechischen Dienst emporkamen und sich dann selbständig zu machen suchten.

Das alles wäre noch keine dauernde Gefahr für das Reich gewesen, da wirklich Familienteilungen binnen kurzem die grofse Einheit seldschukischer Macht zerstörten, und nach einigen Generationen die Stofskraft der Türken sich minderte, wenn nicht

---

[1] Die Notiz bei Weil III 88, Konstantin IX. habe auf Verlangen Togrulbegs in der hergestellten Moschee das Gebet für diesen verrichten lassen, wird meistens falsch verstanden und überschätzt. Es handelte sich nur um die Erneuerung einer alten internationalen Artigkeit. Auch heute wird in unseren Kirchen in Alexandrien und Jerusalem und überall unter fremden Landesherrn offiziell für den Deutschen Kaiser gebetet.

IV. Türken und Normannen.

erschöpfte. Die Verteidigungsstellung des Reichs, zumal in den neuerworbenen Bereichen des Quellgebietes von Euphrat und Tigris in Hocharmenien, war von den stärksten; die pontischen Provinzen wären durch diesen Wall völlig geschützt gewesen, wenn man dafür gesorgt hätte, ausreichende Verteidiger zu bestellen. Noch unter Konstantin IX. konnte es den Türken nicht gelingen, diesen Festungsgürtel zu brechen; nur die offenen Plätze erlagen ihrem Schwert und Feuer. Ein Feind, dessen ganze Stärke auf den Überraschungen seines Reiterangriffs beruhte, hätte sich an den Mauern vergeblich den Kopf eingerannt. Theodosiopel (das heutige Erzerum), Manzikjert nördlich vom Wansee, Malatia am Euphrat, das ganze Taurusgebiet — hier war alles Festung [1].

Da trat aber nach dem Sturz des Isaak Komnenos, vor dem sich der „Parthersultan verkrochen hatte", die unheilvolle Wendung ein, die Asien der schützenden Armee beraubte. Vielleicht ist es nicht zu viel behauptet: die Regierung in Konstantinopel sah nach dem Geist, der jetzt dort vorwaltete, mit Schadenfreude die Not dieser eigenwilligen und stolzen Provinzen. Die städtischen Garnisonen, schlecht verpflegt und mifsmutig, konnten nicht wagen, die schützenden Mauern zu verlassen [2], und eine Feldarmee war nicht da, das Land zu bewachen und die Türken mit blutigen Köpfen zurückzuschicken. Mit furchtbaren Verlusten bezahlte Italien wie der Osten die Sünden des hauptstädtischen Regiments. In Kaesareia, der Hauptstadt von Kappadokien, der zweiten geistlichen Metropole im Reich, drangen die Türken ein, ohne dafs es möglich war, Hülfe zu senden; die Kirche des grofsen Basilios wurde geschändet, und der kostbare Schmuck seines Grabes, die Perlen, Steine und das edle Metall geraubt. Das armenische Ani fiel;

---

[1] γέμει ἡ Ἰβηρία φρουρίων ἐρυμνοτάτων (Kedrenos II 590); Provinz Waspuragan: κἀκεῖ τὰ πάντα τειχήρη. Manzikjert hat eine dreifache Mauer und widersteht einer einmonatlichen Belagerung. Den Euphrat hinab kamen dann die zahlreichen Klisuren.

[2] Skylitzes 661 von den Garnisonen um Malatia. 721 von Italien: τῶν ἐν ταῖς πόλεσι στρατηγεῖν τεταγμένων .. μὴ δυναμένων ἀντεξιέναι ὀλιγανδρίᾳ καὶ κακότητι τῶν σὺν αὐτοῖς.

die Hauptstädte der Pontosprovinzen, Neokäsareia und Amorion, erfuhren Plünderung und Gewalt. In Chonae bereits (der Kolosserstadt der Apostelzeit) wurde die Michaelskirche zu einem Pferdestall entweiht. Das grofse Wunder, das hier der Erzengel einst gewirkt haben sollte, indem er sein Heiligtum aus Wassernot rettete, wollte sich nicht wiederholen. Die alten trockenen, tief in Schluchten eingegrabenen Flufsläufe, die, Zeugen des Wunders, jetzt den Bewohnern der Stadt als Zuflucht dienten, wurden von einem plötzlichen Hochwasser überschwemmt und gediehen ihnen, statt zur Rettung, zum gräfslichen Verderben[1]. Man wufste nicht mehr, wo die Hand Gottes sei.

Diese furchtbaren Unglücksfälle rührten doch die Gewissen in der Hauptstadt. Man kam noch einmal zur Besinnung, nicht alle. Das Geheimnis des Umschwungs erfuhr Psellos erst am unmittelbaren Vorabend aus dem Munde der Anstifterin selbst, der verwitweten Kaiserin, als durch die fertige Thatsache jede Möglichkeit der Intrigue abgeschnitten war. Ein General wurde zum Kaiser ausgerufen, Romanos Diogenes. Sein Name allein war ein Programm. Er war Asiate und aus militärischem Adel. Sein Vater, einer der skrupellosen Offiziere aus der Schule Basils II., hatte mit gröfstem Erfolg gegen die Bulgaren kommandiert und später, vom Mifstrauen der Hofpartei verfolgt, durch Selbstmord geendet. Der neue Kaiser, in ähnlicher soldatischer Gesinnung grofs geworden, war selbst ein amnestierter Verschwörer.

Die Aufgabe, die seiner harrte, hätte den Kühnsten verzagt machen können. Aus der furchtbaren Zerrüttung der Militärverwaltung im Handumdrehen einen Aufschwung zu erzeugen, das Verlorene ebenso schnell zu ersetzen, wie der Niedergang reifsend gewesen war, wäre niemandem möglich gewesen. Wie oft liest man in der griechischen Militärlitteratur die Mahnung an die Gouverneure, die Unterthanen nicht zu

---

[1] Skylitzes II 686. Über die Lokalität hat eingehend zuletzt Bonnet geschrieben, narratio de miraculo a Michaele archangelo Chonis patrato. Paris 1890 im 5. und 6. cap. der Einleitung. Die Arbeit von Bonnet giebt eine interessante Ergänzung zu den schönen Studien von Gothein über den Michaelskult (Gothein, Kulturentwicklung Süditaliens).

IV. Türken und Normannen. 109

bedrücken, damit die Provinzialen den Tag der Abberufung ihres Peinigers nicht als jährliches Freudenfest feiern; bei Durchmärschen die Felder und Weingärten der Bauern zu schonen, ja womöglich durch unbebautes Land zu marschieren; den Soldaten für gute Pferde und Uniformen zu sorgen und so fort! Jetzt war es überall, als wenn der Teufel hineingefahren wäre. Die Provinzialsoldaten, denen man im buchstäblichen Sinne den Brotkorb höher gehängt hatte, waren in einer trübseligen Verfassung; den Offizieren wurde eine wahre Falstaffgarde von Rekruten zugeführt[1]; das Land war auf weite Strecken wüst oder brach, nicht durch die Verwüstungen der Türken allein oder die Angst vor ihren Überfällen. Durch die Zerrüttung der Proviantverwaltung war die Selbsthülfe bei den Soldaten eingerissen; die Zivilverwaltung der Steuern erhielt eine furchtbare Konkurrenz durch die militärischen Requisitionen. In Kleinasien war Kriegszustand geworden wie in dem byzantinischen Italien der Langobardenzeiten. Die eigenen Söldner raubten die Tiere von der Weide und schnitten vorzeitig die Frucht ab, um sie zu verfüttern[2]. Von Freund wie Feind wurden die Besitzer ruiniert. Vor der Unsicherheit im Land waren die Bauern auf die Berge geflüchtet und lebten in Höhlen; die Rekruten konnte man nicht nach den militärischen Kontrollisten finden; sie mußten zusammengesucht werden.

Als Kaiser Romanos IV. nach zwei Monaten ein Heer zusammenbrachte, sagt der Bericht, es sei nicht eines Kaisers würdig gewesen. Die Geduld und Arbeit, eine solche Truppe zu exerzieren und an Disziplin zu gewöhnen, konnte noch bewältigt werden; jede Ausschreitung der Soldaten wurde mit furchtbarer (manche dachten wohl: übertriebener) Strenge ge-

---

[1] Sehr drastisch Skylitzes 662 über den Zustand in der syrischen Provinz.

[2] Michael Attal. 146. Über analoge Verhältnisse in dem Italien des VII. saec. Ludo Hartmann, Untersuchungen zur Geschichte der byzantin. Verwaltung in Italien, sehr belehrend. — In den europäischen Provinzen wurde es durch die Militärrevolten der siebziger Jahre ebenso, nichts als $διαρπαγή$ und $συντριμμός$. Urkunde des Michael Dukas bei Sathas, $Μεσαιωνικὴ \ Βιβλιοθήκη$ I 54.

büfst[1]. Nicht möglich war, eine der türkischen Kriegsweise entsprechende Taktik sogleich zu finden und mit dieser Truppe anzuwenden. Der Schnelligkeit der türkischen Operationen war man nicht gewachsen. Man kann nicht ohne Bewegung die Schilderung dieser immer wiederkehrenden Versuche, das Heer zu teilen, dieser endlosen Märsche und Manöver, der Ohnmacht, einen gewonnenen Vorteil durch Verfolgung auszunützen, in der Entfernung der Zeiten lesen[2]. Mit einem Teil der Aufmerksamkeit, Übung und Arbeit, mit der man im zehnten Jahrhundert den arabischen Hamdaniden des kilikischen Tarsus entgegengetreten war und sie schliefslich vernichtete, hätte man einen wohlgedeckten Besitz gegen die türkischen Seldschuken erhalten können. Aber man hatte sich in Konstantinopel blind gemacht. Jetzt sollte in einem Augenblick nachgeholt werden, was acht Jahre lang frevelhaft versäumt war. Die zwei ersten Feldzüge des Romanos hatten trotz allem einigen Erfolg. Aber der Kaiser mufste immer wieder zurück in die Hauptstadt und sehen, was in seinem Rücken vorging. Der dritte Feldzug brachte die Katastrophe. Der Kaiser erlitt auf armenischem Boden eine Niederlage und fiel als Gefangener in die Hand der Türken.

Es war nun doch ein Ereignis, dafs wie einst Valentinian dem Perserkönig, so jetzt ein Kaiser dem Türkensultan in die Hand gegeben ward. Aber es entbehrt völlig der grofsartigen Züge, mit denen die Überlieferung grofse historische Wendepunkte begleitet. Die Niederlage hatte die schmählichsten Ursachen. Man war schlecht unterrichtet über den Feind; ein türkisches Söldnerkorps verriet die griechische Sache und ging zu den Landsleuten, dem Feind über; es gab unter den

---

[1] Fall bei Michael Attal. 153.
[2] Ich habe den Eindruck, dafs Michael Attal. 106 mit seiner Kritik der pedantischen Taktik des byzantinischen Heeres doch die Schwierigkeiten, mit denen Romanos zu kämpfen hatte, nicht genügend würdigt. Doch möchte ich das Urteil eines militärischen Fachmannes über diesen Krieg hören. Auch der Schlacht von Zachra, wie sie Gfrörer im III. Band zu bezeichnen vorgeschlagen hat, statt Manzikjert, wäre eine Monographie zu wünschen.

IV. Türken und Normannen.

eigenen Offizieren solche, die nach Konstantinopel schielten und die Disziplin untergruben. Man kann nichts peinlicheres lesen, als den Bericht über diese Vorgänge; die ganze Atmosphäre ist erfüllt von übeln Vorbedeutungen. Im eigenen Heer schleichende Intrigue und Verrat; vorwärts die Stofskraft der jungen türkischen Macht, rückwärts die Bureaukratie und Hofpartei von Konstantinopel, die die Einkünfte des Staates genofs, eifersüchtig gestemmt gegen das militärische Prestige und recht eigentlich die Trägerin der grofsen Schuld, dafs in dem Moment, der über die Fortdauer der Kultur in Kleinasien entschied, das Land mit Planmäfsigkeit wehrlos gemacht war. Nur ein Erfolg gegen die Türken hätte diese Elemente niederhalten können; die Niederlage des Kaisers waren sie vorbereitet, als ihren Sieg auszunützen.

Der Sultan ehrte die persönliche Bravour und die Majestät des Kaisers; er schlofs mit ihm einen Vertrag und liefs ihn mit allem Gepränge zurück über die Grenze geleiten. In diesem Augenblick aber war ihm bereits im Palast die Krone abdekretiert worden.

Die Dinge, die nun geschahen, glaubt man kaum, wenn man sie hört. Was die Erhebung des Romanos bedeutet hatte, begriff die Gegenpartei sofort. Doch hatte sie den unmenschlichen Anstrengungen des Kaisers anfangs nichts entgegenzusetzen als Hohn und Spott. Als er ins Feld zog, hiefs es am Hofe: „er nimmt einen Schild und glaubt damit dem Feind den Anmarsch zu wehren, und eine ellenlange Lanze, um ihn totzustechen. Dazu ruft alles hurra und klatscht in die Hände." Mit diesen Karikaturen begann das Wühlen gegen Romanos; es endete mit seiner Absetzung. Ein Heer wurde gegen ihn gesendet, das der Vetter des neuen Kaisers befehligte. Das Glück wich von Romanos. Bis nach Kilikien zurückgedrängt, fiel er durch Verrat in die Hände seiner politischen Gegner. Er hatte die Menschlichkeit der Türken erfahren; sie waren die Feinde des Reichs. Was aber sollte er von dem Fanatismus von Parteigegnern erwarten, auch wenn es Landsleute waren! Sie schraken nicht vor dem Unerhörten zurück; nachdem man ihm Sicherheit des Leibes beschworen, rifs man ihm die Augen

IV. Türken und Normannen.

heraus. Die Szene der Blendung, die im Namen des in Konstantinopel erhobenen Gegenkaisers geschah, hat ein Zeitgenosse im Stil des Ribera geschildert [1]. Kurz darauf erlag Romanos seinen Leiden. Es war eine solche Schmach, dafs die Historiker der Zeit nicht Wasser genug finden, um die höchstgestellten Personen der neuen Regierung von dieser Schande rein zu waschen.

Das Bild der Ereignisse würde unvollständig sein ohne die Figur des Psellos. In dem Augenblick, da Kaiser Romanos von den Türken freigelassen war, und der Hof darüber in Aufregung und Verlegenheit geriet, was jetzt zu thun sei, war es Psellos, der den Rat gab, den Kaiser zu beseitigen. Man weifs das aus einer in diesem Fall unzweifelhaften Quelle, aus seinem eigenen Mund [2]. Wie diese Meinung durchdrang, was die Folgen waren, bis zur Blendung des Romanos, ist bereits erzählt. In einem Kondolenzbrief an den Unglücklichen, den darnach Psellos verfafste, liest man folgende Sätze: Ich weifs nicht, soll ich Dich als Menschen beweinen oder als Märtyrer glücklich preisen. Gott hat Dir die Augen des Körpers genommen, damit Dir das innere Licht um so heller leuchte. Bedenke, dafs alles, was dem Menschen widerfährt, das Werk der Vorsehung ist (fügt der hinzu, der in diesem Fall Vorsehung gespielt hatte); einst werde der Kaiser den Lohn empfangen und als Seliger sitzen zur Rechten des Vaters, und heilige Bekenner werden seine blutigen Augen küssen [3].

---

[1] Michael Attal. 178. Rein künstlerisch betrachtet wird diese Stelle weit übertroffen von der Beschreibung der Blendung des Fürsten Wasilko bei Nestor c. 82, dem poetisch besten (wenn auch vielleicht interpolierten) Stück der altrussischen Chronik.

[2] Hist. 281: ἐκ μέσου ποιεῖν. Zonaras IV 217 hat das wiederholt. Nikephoros Bryennios dagegen, der an dieser Stelle Psellos wörtlich abschreibt, hat jede Spur seines Namens und seiner Thätigkeit getilgt. Seger, byzantin. Historiker des X. und XI. Jahrh. S. 47.

[3] Diesen Brief finde ich dreimal gedruckt. Bei Sathas, Μεσαιωνική Βιβλιοθήκη IV πρόλογος S. 97 ff., V no. 82 und mit einer französischen Übersetzung von Hase im recueil des hist. des croisades. Hist. grecs I 49 ff. Etwas mildert sich das Urteil durch die Überlegung, dafs dieser Brief wohl für die Öffentlichkeit bestimmt war und politischen Zwecken diente.

IV. Türken und Normannen.

Die frivole Finesse des spätgriechischen Esprit und der fromme Augenaufschlag geben in ihrer Mischung diesen Sätzen einen Geschmack, der mit Hautgoût nur annähernd bezeichnet werden kann. Ich glaube, manche würden geneigt sein, diesen Geschmack kurzer Hand **byzantinisch** zu nennen.

Man begegnet nicht selten der Vorstellung, der Verlust jener Schlacht in Armenien habe Kleinasien völlig dem Schwert der Türken ausgeliefert. In der Nähe gesehen, hat sich das Geschick dieses Landes so vollzogen, dafs sein Besitz zunächst unter sehr verschiedenen Formen wechselte und in sehr verschiedene Hände überging. Die Schlacht, ihr Ausgang und ihre Folge — das entsetzliche Geschick eines Kaisers, den eine Gegenregierung in der Hauptstadt zum Reichsfeind erklärte — war das greifbarste Symptom einer Lage, die nun grell beleuchtet, aller Augen offenbar wurde. Was dem Staat not that, konnte fast ein Blinder sehen. Noch war zu helfen; noch war die grofse strategische Position des armenischen Hochlandes zu halten; noch war im Süden Kilikien und Antiochien, der Euphrat und Edessa, noch waren alle Hafenplätze und Küsten römisch. Aber es bedurfte eines Mannes von eiserner Faust.

Statt dessen ging die Krone an den Schüler eines Psellos über.

Jedes Jahr, das jetzt verloren ward, um die asiatische Stellung zu retten, machte die Herstellung schwieriger. Die Regierung in Konstantinopel hatte keinen Gedanken und keinen Entschlufs. Über den neuen Kaiser, Michael VII. Dukas, liest man folgendes, lobend gemeinte Urteil: „ein anderer hätte vielleicht in der Zeit der Not gewagte Entschlüsse gefafst, so dafs alle Taue gerissen und alles erschüttert worden wäre; er aber liefs die Dinge so gehen. Das Schiff schwankte zwar, aber es trieb nicht unsicher hinaus auf die hohe See[1]."

Kleinasien geriet in einen anarchischen Zustand. Versuche provinzialen Gegenkaisertums, lokale Autonomieen, Eroberung,

---

[1] Worte des Psellos (291). „Sich durchfretten und fortwursteln" könnte man mit einem berühmt gewordenen Ausspruch übersetzen.

Söldnerpolitik auf eigene Hand, alles wirkte zusammen, um das Land in eine Summe kleinerer und gröfserer Herrschaftsgebilde aufzulösen, ungefähr wie Italien nach dem Untergang der hohenstaufischen Kaiser. Die Türken erkannten ihren Vorteil und begannen, sich in dem Land, das sie erst als Feindeseigentum geplündert hatten, festzusetzen[1]. Das Sultanat von Ikonion ward gegründet. Die Stadt, die eine glänzende Metropole in den Zeiten des Altertums geworden war, die in christlicher Zeit durch den Namen des heiligen Amphilochios ihren Ruhm gemehrt hatte, wurde jetzt türkische Residenz. In der Erinnerung der Menschen ist der Name der alten Herrscher des Landes nicht erloschen. Der grofse persische Dichter Dschelaleddin, der Stifter des Sufiordens der Mewlewi (1245) erhielt, weil er in Ikonion lebte und begraben ward, den Beinamen Rumi, der Römer.

Die Eroberung von Ikonion war nur ein Einzelfall der Auflösung und Zersplitterung. In der allgemeinen Not rissen alle Verbindungen ab; die Städte, für ihren Bedarf auf eine offene Landzone angewiesen und durch die öffentliche Unsicherheit in ihrer Ernährung gefährdet[1], mufsten daran denken, die Hülfe, die eine ferne Regierung versagte, in der Nähe zu gewinnen. Von dem syrischen Antiochien bis an das Marmarameer entsprang wie von selbst der Trieb der Notwehr und Selbsthilfe. Die Rücksicht auf das allernächste Lebensinteresse beförderte den Zerfall in kleine Staatsgebilde. Welch eine Gelegenheit für Usurpation und Tyrannis! Das allgemeine Bedürfnis und der Ehrgeiz entschlossener Charaktere arbeiteten sich in die Hände, um eine freie Bahn für Kondottieripolitik zu schaffen.

So lang noch das Reich fest auf seinen Füfsen war, hielt man diese Elemente in ihren Schranken. Es war eine alte Regel, Söldner nur in einer Minderzahl dem Heer einzureihen;

---

[1] Skylitzes 708: μᾶλλον δὲ ὡς δεσπόται τῶν προςτυχόντων καταχυριεύοντες.
[2] σιτοδείας πιεζούσης τὰς πόλεις καὶ τῶν ἄλλων ἐπιτηδείων ἐνδείας. Michael Attal. 96 = Skylitzes 662 f.

IV. Türken und Normannen.

ihre Führer durch Auszeichnungen übermütig zu machen, hütete man sich wohl. Diese Fremden waren doch meistens Leute, die zu Haus nicht gut gethan hatten und landflüchtig waren; was sollten die Barbaren von dem Reich denken, in dem es ihresgleichen, ja geringere zu hoher Stellung brachten[1]? Eine besondere Vorsicht, die natürlichste von der Welt, wandte man im Krieg mit Barbaren an, dafs man ihnen keine Landsleute gegenüberstellte[2].

Alle diese militärischen Überlieferungen waren jetzt über Bord geworfen. Dafs Söldner, einem stammverwandten Feind gegenübergestellt, die Treue brachen und zu ihren Landsleuten übergingen wie in der Schlacht des Kaisers Romanos, wurde eine häufige Erscheinung. Ihre Führer wurden wichtige Personen; die Geschichtsschreibung fängt an, sie auf jedem Blatt zu nennen. Von den Ursachen, welche vornehme Türken nach Kleinasien verschlugen, war schon die Rede. Die Normannen, durch die Unbotmäfsigkeit gegen ihren Herzog aus der französischen Heimat getrieben, fanden sich in Italien bald unter dem gleichen Druck. Ihre Empörungen gegen Robert Guiscard blieben fruchtlos; so wanderten sie noch einmal aus und nahmen Dienst im griechischen Reich. Hier blühte endlich diesen unfügsamen Naturen das Glück. Sie wurden zeitweise Herren der Situation in Kleinasien. Man kann diese Hervé und Krispin und Ursel nur mit Erscheinungen wie Franz Sforza vergleichen. Wenn ein Reisender im vierten christlichen Jahrhundert bemerkt hatte, dafs die Gallier des inneren Kleinasiens die gleiche Sprache redeten, wie man sie in Trier hörte[3], so fehlte jetzt nicht viel, dafs eine Normandie auf diesem Boden entstand wie in England, Sizilien und nachmals im Thal des Orontes.

Einer von diesen Normannen[4], Ursel von Bailleul, der sich bei der Eroberung von Sizilien ausgezeichnet hatte, er-

---

[1] Sie würden sagen, heifst es bei Kekaumenos c. 242: $εἰς\ \text{'}Ρωμανίαν\ ἄνθρωπος\ οὐκ\ ἔνι\ ἱκανὸς\ καὶ\ διὰ\ τοῦτο\ ὑψώθη\ ὁ\ ἡμέτερος.$
[2] Leon, Taktik XII 113. XIII 5, keine $ὁμόφυλοι!$
[3] Hieronymus. Mommsen, Römische Geschichte V ² 315.
[4] Die Nachrichten über diese Normannen hat F. Brandileone in der rivista storica italiana I 234 ff. zusammengestellt. Die Bemerkungen von

scheint unter Romanos IV. als Offizier bei den normannischen Söldnern; unter Michael Dukas ward er ihr Oberster. Eines Tags aber verließ er die byzantinischen Fahnen und marschierte mit seinen Landsleuten an den mittleren Euphrat. Desertionen dieser Art kamen nicht selten vor durch verletzte Empfindlichkeit der im Ehrenpunkt kitzlichen und trotzigen Barbaren. Als man ein Korps gegen sie auf die Beine brachte, um sie zur Vernunft zu bringen, geschah etwas ganz anderes, als man in Konstantinopel gehofft hatte. Die normannischen Söldner, die man mitgeschickt, gingen zu Ursel über; er blieb Sieger, nahm den griechischen General gefangen und beredete ihn, da es ein ehrgeiziger Mann war und zugleich der Onkel des Kaisers, selbst den Kaisertitel anzunehmen. Ursel betrachtete sich mit seinem Scheinkaiser als Landesherrn vom oberen Euphrat herüber bis gegen Lykaonien und auf der andern Seite bis gen Nikomedien, der Hauptstadt von Bithynien; er rückte vor bis an das Meer und machte den Kaiser in seinem Schloß erzittern. Die Steuern erhob er für sich, und wenigstens die reichen Bürger, die etwas zu verlieren hatten, in Städten wie Amasia, Neokäsarea waren völlig von seiner Partei. Eine Menge fester Burgen war in seiner Hand, so daß er in der Lage war, mit seinen Soldaten für Ordnung zu sorgen. Unter diesen Umständen wandte sich die Regierung in Konstantinopel an den Sultan von Ikonion um Hülfe. Aber auch nachdem Ursel mitsamt seinem Kaiser in türkische Hände geraten war, machte er sich noch einmal frei und behauptete sich eine Weile zwischen Griechen und Türken. Endlich wurde er für gutes griechisches Gold noch einmal von den Türken festgenommen und ausgeliefert. Sein Land mußte förmlich wieder erobert werden. Ihn selbst setzte man eine zeitlang ins Gefängnis; der Wert eines tapferen Soldaten war in Konstantinopel zu sehr geschätzt, als daß man ihn nicht für gelegentliche Wiederverwendung aufgespart hätte [1].

F. Hirsch, Forschungen zur deutschen Geschichte VIII 232 ff., sind ihm entgangen. Der Verfasser hat sich inzwischen durch rechtshistorische Arbeiten vorteilhafter bekannt gemacht.

[1] Die Geschichte des Ursel steht in einer Ausführlichkeit, der wir

IV. Türken und Normannen.

Die Geschichte dieser Normannen ist abenteuerreich; einer und der andere ist durch Gift aus dem Weg geräumt worden. Jedenfalls kannte man diese Leute und ihren Sinn sehr genau, noch ehe die Kreuzzüge ihrer Gier auf griechisches Geld und Land eine Art Handhabe gaben. Ihre Kondottieripolitik ist denkwürdig, nicht zuletzt deshalb, weil darin ein Prototyp der katalanischen Kompagnie zu erkennen ist, die im vierzehnten Jahrhundert in Sizilien und der Levante ihren Namen unsterblich machte.

Schon fielen auch Küstenstädte, Sinope und Trapezunt am Schwarzen Meer, den Türken in die Hände. Dann ward Trapezunt ihnen wieder abgenommen; aber es wurde Mittelpunkt einer selbständigen Herrschaft unter den Gabras, die nachher dem Bemühen der Zentralregierung, die entfernten Glieder wieder an sich zu zwingen, bis ins zwölfte Jahrhundert immer wieder erneuten Widerstand geleistet hat[1]. Manchmal aber war es blofs Notwehr und weniger Selbstsucht und Opposition gegen den Reichsgedanken, was diese Gebilde erzeugte. Hier ist nun nochmals jener grofsen Grundherrschaften zu gedenken, gegen die die Krone so lange einen erbitterten Kampf geführt hat. Es gab unter ihnen so ausgebreitete, dafs sie Städte und Dörfer in weitem Umkreis dominierten; ihre Herren waren wie Fürsten; sie hielten sich Privatmilitär, besseres, als die Regierung zur Verfügung hatte, und es giebt Beispiele, dafs ihre Territorialhoheit anerkannt war. Einen und den anderen hat jetzt die Regierung durch Konzessionen und Kommandos an die Reichssache gefesselt und ihre Truppen unter die Reichsfahne versammelt.

Einer der merkwürdigsten Augenblicke, da dieses Land aus der altüberlieferten Rechtssicherheit eines grofsen Staatswesens in den Zustand des Faustrechts überging. Bereits sah man türkische Scharen am Südufer des Schwarzen Meeres und westlich vom Sakaria in Bithynien auf der grofsen Strafse nach

---

hier nicht folgen können, bei Michael Attal. 184 ff. und Nikephoros Bryennios 73—95. Die Parteinahme der Städte für ihn ist trotz mancher Verschleierung deutlich.

[1] Im einzelnen richtig und gut auseinandergesetzt von W. Fischer, Mitteilungen des Instituts für österreichische Geschichtsforschung X 177 ff.

Nikomedien. Das Seltsamste aber erlebte man bei der Usurpation des Nikephoros Botaniates gegen Kaiser Michael VII. Dukas. Als man in Konstantinopel erfuhr, dafs Botaniates in Asien den Kaiserpurpur angenommen, schickte man zum Sultan von Ikonion und schlofs mit ihm ein Bündnis; ein Türkenkorps des Sultans sollte, während der Empörer in Kotyaeon stand (Kutahia, heut an der anatolischen Bahn), die Strafsen von Phrygien her nach Nikaea und der Hauptstadt sperren. Trotz eines geschickten Marsches auf Umwegen sah sich Botaniates noch vor Nikaea von den feindlichen Truppen eingeholt; hier geschah aber folgendes. Im Heer des Botaniates befand sich ein türkischer Kondottiere, der vor Jahren von vornehmen griechischen Gefangenen verführt, mit diesen entflohen und in byzantinischen Dienst getreten war. In dem grofsen Würfelspiel um die Macht fand er auch auf dieser Seite seine Rechnung und kommandierte nun seine Türken in griechischem Sold. Jetzt zeigte er als Freund des Botaniates seine diplomatische Kunst und beredete seine Landsleute von Ikonion zur Heimkehr. Die Türken waren nicht skrupulös; sie nahmen von einem, der ihre eigene Sache verraten hatte, das Gold an und brachen ihrem Auftraggeber und Verbündeten das Wort. Darnach ward der Empörer Herr in Nikaea, binnen kurzem auch in der Hauptstadt Kaiser. Es mufste teuer bezahlt werden. Denn es war ein türkischer Kondottiere, dem Botaniates seinen Thron dankte; er behielt die ganze Verbindung zwischen Konstantinopel und Nikaea in seinen Händen; in Chrysopolis auf der asiatischen Seite des Bosporus war das türkische Lager. Dafür, dafs sie das Land festhielten, wurden sie auch noch reichlich bezahlt.

Es lag nur am guten Willen der Türken, ob sie auch das Land jenseits des Bosporus kennen lernen wollten. Das Anerbieten des Kaisers Michael Dukas, sie drüben im Krieg zu beschäftigen, hatten sie einstweilen noch zurückgewiesen [1]. Dagegen hatten sie nicht das geringste Interesse, dem neuen Kaiser Botaniates ein Privileg auf ihre militärische Unterstützung

---

[1] Michael Attal. 288.

IV. Türken und Normannen.

zu lassen. Als gleichzeitig eine zweite Usurpation auf asiatischem Boden erfolgte, gaben sie bereitwillig auch dieser ihre Unterstützung. Die Städte der Westprovinzen Kleinasiens, die diesen General mit den Purpurschuhen anerkannten, mußten sich wohl oder übel seine türkischen Soldaten gefallen lassen. Als er auch Nikaea besetzte, war es nicht recht klar, wer Herr sei, dieser Kaiser oder seine Türken. Die Stadt war jetzt türkisches Hauptquartier, und die Söhne des Sultans von Ikonion vermieteten von hier aus, als von einer Filiale, ihre Truppen[1]. Überhaupt gehörte das zur Signatur der Lage: es war mehr ein thatsächlicher Zustand, als ein auf Vertrag oder Eroberung begründetes Recht. Die große Expansion türkischer Macht über Ikonion hinaus erfolgte nicht durch Eroberung; sie war eine Begleiterscheinung der Revolution, in die das Reich durch eine unmögliche Regierung gestürzt war. Als es offenbar wurde, daß es so nicht weiter gehen könne, und die Einsicht in die Notwendigkeit einer anderen Regierungsweise sich verbreitete, geriet das Reich von der Adria bis nach Asien in Gährung und Bürgerkrieg. Man kann nicht sagen, daß eine Rebellion die andere abgelöst hätte; sie kamen gleichzeitig auf allen Seiten. Sich durchzusetzen, besaßen die neuen Gewalten kein anderes Mittel, als die militärische Unterstützung eben der Mächte, deren militärischer Bravour die Zukunft zu gehören schien. Mit Türken, Normannen und Petschenegen ist die Grundlage eines neuen Zustandes gelegt worden, und die Schmälerungen des Reichsgebietes sind zu gutem Teil der wohlverdiente Preis dieser Mitwirkung gewesen.

Der Eindruck dieser türkischen Flut war derart, daß ein Bericht übertreibend sagt, ganz Kleinasien gehöre bereits den Türken. Wenn keine normannische Landeshoheit dazwischen sich gebildet hatte, so war es nur ein Zufall. Es schien bloß auf die nächste Gelegenheit anzukommen. Süditalien war an die Normannen verloren durch das Zusammenwirken fast der nämlichen Kräfte, die wir auf asiatischem Boden thätig sahen.

---

[1] Nikeph. Bryennios 130: ἐξάρχοντες τῶν Τούρκων ἐν Νικαίᾳ τῆς Βιθυνίας διατρίβοντες.

Bereits genügte aber die italische Eroberung diesen Feinden nicht mehr; sie richteten ihr Absehen auf die Balkanhalbinsel selbst und griffen über das Meer herüber. Was sollte nun geschehen, wenn Türken und Normannen zugleich Krieg anfingen, und das Reich, wertvoller Provinzen und Steuerkapitalien beraubt, kein Geld mehr in seinen Kassen hatte, um Söldner zu bezahlen?

Ernste Menschen sahen den Niedergang des Reiches mit tiefer Zerknirschung. Der Stolz des Römernamens, den man noch immer trug, war in einer Weise verletzt und fast gebrochen, der Zorn Gottes schien so über das Mafs des Begreiflichen hinauszugehen, dafs nur eine dumpfe Verzweiflung übrig blieb. Als die Türken erst am Euphrat vordrangen, sah der pharisäische Sinn den Finger Gottes: dies seien Strafgerichte über die Ketzer jener Länder, in denen die Orthodoxie nie einen rechten Boden besafs. Was aber sollte man sagen, als sie immer weiter eindrangen in die Bereiche einer vorwurfsfreien Kirche und deren Heiligtümer schändeten, als das Unglück der Kriege immer mehr ein chronisches Übel wurde! Warum, fragt ein Zeitgenosse, hatten die alten Römer so grofse kriegerische Erfolge, und warum erleben nun die Enkel und Erben jenes stolzen Namens **trotz ihres Christenglaubens** nichts als Unglück? Sollte wirklich vor Gott der Glaube der Menschen und das Dogma einen so grofsen Unterschied machen, oder sollte nicht vielmehr sein Gericht auf den Wandel allein sehen und das Herz? Vielleicht hat Gott die alten Römer, trotzdem sie Heiden waren und keine Offenbarung kannten, gesegnet, weil und solang sie gute Werke übten, Gerechtigkeit und Wahrheit?

Es ist allerdings kein Fastenprediger, dem diese Betrachtungen kommen, worin so eigentümlich der heidnisch-christliche Gegensatz vor einem in strenger Moralität begrenzten Göttlichen zurücktritt, sondern ein Laie, ein Jurist, der das Treiben um den Thron wie im Feldlager gesehen hat[1]. Er fällt das Schlufs-

---

[1] Michael Attal. 193—198; verstümmelt bei Skylitzes 712.

IV. Türken und Normannen.

urteil, nirgends habe er etwas anderes gefunden, als Gottverlassenheit und Frivolität, Selbstsucht und unbufsfertigen Frevel. Man glaubt, nach so vielen Jahrhunderten, in diesem gräzisierten Reich wieder einmal eine lateinisch-römische Stimme zu hören, die an Sallust und Tacitus erinnert!

Wenn diese Stimmung begründet war, wenn diese Übel den Staat zersetzten, so war die Wurzel alles Unheils in der Hauptstadt und ihrer ungesunden Übermacht.

Für die neue Ordnung, welche die Komnenen begründet haben, wurde es ein Vorzeichen und Signal, dafs sie mit einer Eroberung von Konstantinopel begann.

Printed by Libri Plureos GmbH
in Hamburg, Germany